Erziehung des Kleinkindes

Handbuch für Mütter

Hahnemann / Rousseau

Erziehung des Kleinkindes

Handbuch für Mütter

O.-Verlag

Berg am Starnberger See

1985

1985 O.-Verlag GmbH Berg am Starnberger See

ISBN 3-88950-019-6

Vorbericht

Das folgende ist ursprünglich Übersetzung der unten ange-
zeigten französischen Schrift*), deren Verfasser durch ein
Decret des Nationalconvents veranlaßt ward, zum Behuf seiner Landsmänninnen, die Rousseau's Werke nicht selbst lesen oder sich anschaffen können, die Grundsätze, welche dieser berühmte Schriftsteller in Absicht der frühesten Behandlung der Kinder in seinen Schriften vorgetragen hat, in einen
kurzen und *kernigen* Auszug zu bringen. Da indes der Übersetzer bald fand, daß das, was das französische Original von
der physischen (zuweilen auch moralischen) Behandlung der
Kleinen sagt, teils gar zu kurz und unzureichend sei, teils auch
hin und wieder der Berichtigung bedürfe; so ward die Hand-
schrift einem, dem Publikum längst von mehr als einer Seite
rühmlichst bekannten Arzte, der selbst Vater einer zahlrei-
chen Familie ist, Herrn Dr. Hahnemann zugeschickt, welcher
sie denn auch mit sehr wichtigen Zusätzen und Berichtigun-
gen ausgestattet, aber zur Bequemlichkeit der Leserinnen es
für gut gefunden hat, dieselben dem Text selbst einzuverlei-
ben. Wer dies oder jenes gesagt hat, ist für den Gebrauch der
Schrift ganz gleichgültig; der Sachkundige aber wird ohnehin
mit leichter Mühe unterscheiden,was dem Deutschen oder
dem Franzosen gehört.

Der Übersetzer und Herausgeber

* Principes de J. J. Rousseau, sur L'Education des Enfans, ou Instruction
sur la conservation des Enfans, et sur leur Education physique et morale,
depuis leur Naissance, jusqu'a L'epoque de leur entrée dans les écoles natio-
nales. Ouvrage indique pour'le Concours, suivant le Decret de la Convention
Nationale, du q. Pluviose dernier. A Paris l'an 2 de La Rep. Franç.

Unterricht
über
die physische und moralische Erziehung
der Kinder

»Die erste Erziehung ist die wichtigste. Die Erziehung des Menschen beginnt mit seiner Geburt«

Rousseau's Emil

Mütter sollen ihre Kinder selbst stillen.

Die erste Erziehung ist ohne Widerrede das Geschäft des weiblichen Geschlechts. Hätte der Herr der Natur sie den Männern bestimmt, so würde er ihnen Milch zur Nahrung der Kinder gegeben haben.

Tugendhafte Gattinnen, das rührende Schauspiel einer werdenden Familie wird eure Männer näher an euch knüpfen; aber ihr müßt die Kinder selbst säugen. Das Geräusch der Kinder, welches Menschen ohne Gefühl lästig dünkt, wird angenehm. Es macht den Vater und die Mutter einander teurer und unentbehrlicher, und zieht die Bande der Ehe enger zusammen. Wenn die Familie munter und lebendig ist, so wird die Sorge der Haushaltung die liebste Beschäftigung der Frau und die angenehmste Unterhaltung des Mannes. Hören die Frauen nicht auf Mütter zu sein, so werden die Männer auch stets Väter und Gatten bleiben. Würdige Mütter, ich wage es, euch von Seiten eurer Männer feste und dauerhafte Zuneigung, von Seiten eurer Kinder eine wahrhaft kindliche Zärtlichkeit zu versprechen, die Achtung und Ehrerbietung aller Menschen, glückliche Niederkünfte ohne üble Zufälle und Folgen, starke und feste Gesundheit, endlich das Vergnügen, euch einst von euren Töchtern nachgeahmt und andern Frauen zum Muster aufgestellt zu sehen.

Es ist wahr, die Abwartung, welche ein Kind, besonders im ersten Jahre erfordert, gestattet der Mutter nicht, an den erlaubten Vergnügungen der Gesellschaft ausser dem Hause

Teil zu nehmen. Aber welcher Unterschied zwischen diesen Vergnügungen und denjenigen, welche eine Mutter, die ihr Kind selbst stillt, jeden Augenblick empfindet! O ihr, die ihr dieses süße Geschäft selbst besorgt, Gattinnen, die ihr dieses leset, ist wohl eine unter euch, deren Herz nicht klopfte, als ihr zarter Säugling zum ersten Mal seine Augen auf sie heftete, als das erste Lächeln seinen unschuldigen Lippen entschlüpfte? Wo ist eine, deren Herz nicht gerührt ward, als sie ihn die ersten Töne jener so süßen Namen »Vater, Mutter (Papa, Mama)« stammeln hörte! Wo ist eine einzige Mutter, deren Inneres nicht vor Freude bebte, als ihr Kind den ersten Versuch machte, allein zu gehen?

Wie wird ihr, wenn es unter allen Anwesenden, seine Mutter aufspürt, mit Ungeduld seine Ärmchen nach ihr ausstreckt und durch Bewegung aller Glieder, durch Hüpfen und durch halb wimmernde, halb freudige Töne seine allgewaltige Sehnsucht nach ihr ausdrückt – Scherz durch überlautes Lachen erwiedert – sich unbezwinglich nach der Brust, der Quelle seiner süßen Ernährung, windet, und durch unnennbare Mienen und Gebärden zu verstehen gibt, wie unendlich wert seine Mutter ihm ist.

Und fühlt nicht eine gesunde Mutter, wenn der Säugling mit unnachahmlich weichen Lippen und tätiger Zunge ihre Brüste saugt, und mit seinen Händchen daran spielt, eine unnennbare teils körperliche, teils geistige Wollust, die alle Genüsse der Welt aufwiegt? Siehe! wie munter wird es von der Muttermilch, wie zufrieden, wie voll und rund. Mütter! jeden Keim eurer Tugenden pflanzt ihr in diesen werdenden Weltbürger über, mit diesem Nektar, aus eurem Lebenssafte abgesondert.

Dies sind die Vergnügungen, wodurch die Sorgfalt einer Mutter, die ihr Kind selbst stillt, belohnt wird, außer den schon gedachten Vorteilen, die für das Glück der Ehe, für die Gesundheit der Mutter und des Kindes daraus entstehen. Eine Mutter, die ihr Kind nicht selbst stillen will, beraubt sich nicht nur aller dieser Vorzüge und Vergnügungen, sondern handelt auch der Natur entgegen, die ihr bloß zu diesem Zweck Milch gegeben hat. Wie viele Frauen haben durch die Mittel, die sie zum Zurücktreiben der Milch gebrauchten, teils das Leben selbst, teils das Gefühl, teils die Gesundheit eingebüßt? Wie kann man sein Kind einer Amme anvertrauen! Leichtsinnig anvertrauen! Etwa um buhlerisch von der Runde und Festigkeit der Brüste nichts zu verlieren? Weit gefehlt! Unmäßigkeit in Befriedigung des Geschlechtstriebs verwischt die Grazie der Jugendschönheit in allen Teilen des Körpers ungleich mehr, als das naturgemäße Selbststillen. Oder etwa, um sich kein Stündchen vom nächtlichen Schlafe zu entziehen wollte man eine Amme wählen. Gerade die Nacht ist der gefährlichste Zeitpunkt in der Pflege eines neugeborenen Kindes. Gerade am wenigsten die Nacht über, kann man das hilflose Kind, ohne es offenbarer Lebensgefahr auszusetzen, den Händen einer schläfrigen, oft sinnlos schläfrigen, gedungenen Weibsperson anvertrauen. Wie viel Kinder wurden nicht schon von nachlässigen Ammen im Bette erstickt, zertreten, erdrückt? Wie oft ließen sie sie, schlaftrunken, aus der Wiege, aus den Händen fallen. Legten sie im Traume an gefährliche Orte, stopften ihnen den Mund mit einem Lappenzitze (Zulpe, Lutschbeutel) voll, wovon sie zuweilen erstickten, oder gaben ihnen Opiate, um durch das Schreien des Kindes nicht aus dem Schlafe gestört zu werden.

Andrer, noch schändlicherer Mißhandlungen der armen Säuglinge nicht zu gedenken. Eine Amme? Etwa um der Unmäßigkeit in der Geschlechtsbefriedigung desto zügelloser zu fröhnen? Schwerlich darf ich unter meinen gesitteten Lesern eine so grobe Sinnlichkeit erwarten, welche das Grab aller höheren, reineren, feineren und geistigen Vergnügungen der Ehe ist. Die Würde und Seligkeit, Mutter im ausgedehntesten Sinne zu sein, ist so weit über eine bloß geile Buhlschaft erhaben, wie die heilige Natur über die Raffinessen des Luxus.

Eine Amme? Kann diejenige wohl eine gute Mutter sein, die ein fremdes Kind statt des ihrigen säugt? Gewiß nicht. Wenn sie keine gute Mutter ist, wie kann sie eine gute Amme sein? Sie kann es werden, aber nur langsam, und das schlecht besorgte Kind kann zehnmal umkommen, ehe die Amme eine wahre Mutterliebe zu demselben gewinnt. Gesetzt aber auch, daß sie wahre Zärtlichkeit zu ihrem Säugling hegte, würde nicht selbst aus diesem Vorteil ein Nachteil entstehen, der allein schon einer gefühlvollen Frau den Gedanken benehmen müßte, ihr Kind von einer anderen stillen zu lassen? Sie teilt nämlich das Mutterrecht mit einer anderen, oder vielmehr sie verliert es ganz.

Sie sieht, daß ihr Kind eine andere Frau eben so sehr oder noch mehr als sie selbst liebt. Sie fühlt, daß die Zärtlichkeit, die das Kind für seine eigene Mutter hegt, nur eine Gunst, die Zärtlichkeit für seine Amme aber eine Pflicht ist. Dies ist sehr natürlich. Bin ich nicht der, die mir Muttersorgfalt hat angedeihen lassen, kindliche Liebe schuldig? Keine Mutter, kein Kind. Die Pflichten der einen wie der anderen sind wechselseitig; werden sie von der einen Seite schlecht erfüllt, so werden sie auch von der anderen vernachlässigt.

Das Kind muß seine Mutter lieben, ehe es noch weiß, daß es Pflicht ist. Wenn die Stimme der Natur nicht durch Gewohnheit und Pflege verstärkt wird, so erlischt sie in den ersten Jahren, und das Herz stirbt sozusagen ab, ehe es geboren wird.

Auch nimmt man häufig eine lebenslängliche Zärtlichkeit der Kinder gegen ihre Ammen wahr, so stark, als kalt sie gegen ihre eigentliche Mutter sind. Ein unersetzlicher Verlust!

Das erste Anlegen an die Brüste, das Säugen, das Abgewöhnen

ist zuweilen mit einigen Beschwerlichkeiten verbunden. Die Erstgebärenden haben oft so kleine Warzen (zumal wenn sie vorher enge Kleider, auch wohl gar Schnürleiber getragen haben), daß das kleine Kind mit Mühe anfaßt, und die Brust nach einigen vergeblichen Versuchen fahren läßt, und nicht wieder saugen will. Ein bedenklicher Umstand, der baldige Hilfe verlangt; sonst schwellen die Brüste an, die kleine Warze verschwindet vollends, und das Kind muß eine Amme haben, oder aufgefüttert werden. Wird man dies vor der Niederkunft oder gleich nach derselben gewahr, so ist das beste Mittel ein anderes, älteres, säugendes Kind anzulegen. Dies hat mehr Übung und Stärke in seiner Zunge und in seinen Lippen, und man erreicht oft die Absicht, die Warzen zu verlängern. Andere Methoden, die Brüste durch ein altes Weib, oder durch Maschinen ansaugen zu lassen, sind bedenklich, schmerzhaft, verwerflich. Zugleich tut man wohl, das neugeborene Kind etwas weniges aus den Brüsten einer anderen gesunden Frau saugen zu lassen, bis die Warzen der Wöchnerin im Gange sind.

Das neugeborene Kind muß wenige Stunden nach der Entbindung angelegt werden, sobald die Wöchnerin einige Stunden geschlafen hat. Dies ist die schicklichste, natürlichste Zeit. Das Kind darf nicht dursten, es bekommt die erste, dünne laxierende Milch, und wird von den zähen, schwarzen Exkrementen auf die leichteste Art befreit. Die Brüste werden von ihrem Anschwellen ausgeleert, es erscheint bei gesunden Müttern fast keine Spur eines Milchfiebers, und da das Kind anfänglich nicht so begierig, nicht so durstig ist, so saugt es die Warzen nicht wund; das Stillen kommt auf die leichteste Art in Gang. Weit anderen Sinnes sind die Aberklugen Bademütter. Sie glauben im Rate der Götter gelernt zu haben, die Natur zu übermeistern. Sie verbieten, das Kind vor der Taufe anlegen oder saugen zu lassen, es wäre nun zwei, drei oder mehrere Tage. Indes lassen sie das Kind mit Oblate (Anblatt) füttern, als der leichtesten Speise, die sie kennen. Dies ist aber ein ungegorener Teig aus Stärkemehl und Wasser, bei jählinger Hitze getrocknet (man kann es nicht backen nennen); die zäheste, unverdaulichste Kost, die man einem Kinde nur geben kann. Auch sind viele Kinder davon an Gelbsucht gestorben. Sie schließen aber nach ihrer Kunkelphilosophie, »... was leicht in der Hand ist, ist auch leicht zu verdauen«!

Man denke nur! Außerdem geben sie ihm Fenchel- oder Anistee zu trinken und Veilchensirup mit Rhabarber zum Laxieren. Wie unnatürlich, wie weit von der Natur entfernt! Das Kind wird krank, ehe es die Taufe überlebt, es bekommt Bauchkneifen, Hartleibigkeit oder Durchlauf. Indes sind der Wöchnerin die Brüste unmäßig angeschwollen, die Warzen sind zurückgezogen, sie hat Fieber, und Spannungen in den Brüsten; in dieser Verfassung soll das matte, kranke Kind ansaugen, was selbst für ein starkes, gesundes Kind sehr schwer ist? Die Folge? Man kann sie leicht erraten.

Wenn aber auch das Stillen wohl im Gange ist, so kommen doch zuweilen dem Kinde Beschwerden zu, Magenverderbnis, Koliken u.s.w., wobei es sehr ungeduldig die Warze ergreift, sie beißt, daran zerrt und da es oft angelegt sein will, gleich als ob es Beruhigung darin für seine Schmerzen suchte, so kann es nicht fehlen, daß die zarte Warze wund gesaugt wird. Diesem könnte nun wohl, wenn die Warzen Ruhe hätten, abgeholfen werden, aber Ruhe ist hier unmöglich, und bei jedem erneuerten Saugen wird die Wunde wieder aufgerissen, die Schmerzen steigen und der Versuch, das Kind ferner anzulegen, wird fast unmöglich. Hier sorge man zuerst für die Gesundheit des Kindes, damit sich seine Schmerzen lindern, was oft durch ein Klistier von warmer Milch, ein laues Bad, u.s.w. erreicht wird; man lege oft frisches Kaltwasser auf die Warzen und bestreue sie von Zeit zu Zeit mit Galläpfelpulver. Zugleich ist es dienlich, das Kind in verkehrter Lage anzule-

gen, damit es die Warzen nicht an den schon wunden Stellen
berühre, und so fahre man fort, das Kind zu beruhigen und
die Oberhaut der Warzen zu stärken, bis dieser kritische Zeitpunkt vorüber ist.

Kein Muttertier leidet, daß das Junge ununterbrochen saugen darf, und keine Mutter darf ihr Kind zu oft anlegen. Sie
erschöpft ihre Kräfte und verdirbt den Magen des Kindes.
Sechs bis siebenmal in Tag und Nacht anfänglich, allmählich
nur fünf, vier und endlich vor dem Abgewöhnen nur dreimal
ist hinreichend.

In der Nacht ist es gefährlich, wenn die Mutter im Bette sitzend das Kind zu säugen pflegt. Schlaftrunken kann sie es ersticken, herausglitschen lassen, u.s.w. Sie muß aufstehen,
und auf einem Stuhle sitzend dem Kinde die Brust reichen; so
bleibt sie wach und munter.

Einige Wochen vor dem Abgewöhnen (wenn die sparsame
Milch der Mutter es nicht noch eher erheischt) fängt man an,
dem Kinde ein paarmal des Tages lauwarme Kuhmilch einzuflößen, damit der Mund geübt sei, aus der Tasse zu trinken,
und der Magen, die fremde Milch zu verdauen, wenn es von
der Brust abgewöhnt werden soll. Am besten ist es dann, daß
die Mutter das Abgewöhnen allmählich vornehme; das Kind
seltener und seltener anlege, und immer weniger aus den Brüsten saugen lasse. Bei diesem allmählichen Entwöhnen leidet
des Kindes Gesundheit keine Erschütterung, die Veränderung
fällt ihm nicht schwer, und die Mutter leidet fast gar nicht an
Milchfieber, vorzüglich wenn sie während der Zeit wenig, und
nur gering nährende Dinge genießt und sich viel Körperbewegung dabei macht. Zu Ausgange des neunten Monats, wenn
die ersten beiden Zähne hervor sind, ist es schickliche Zeit,
das Kind zu entwöhnen.

Wahl einer Amme.

Ich weiß, daß es Mütter gibt, denen es durchaus unmöglich ist, ihre Kinder selbst zu stillen. Manche haben eine zu schwache Konstitution (Körperbeschaffenheit), andere haben keine Milch, andere haben bei ihrem vorigen Stillen, aller Sorgfalt ungeachtet, Lebensgefahr an Nervenzufällen, u.s.w. ausgestanden. Ist dies begründet; ist dies selbst nach dem Ausspruche eines sorgfältigen Arztes begründet, dann ist eine fremde Amme nötig, in Absicht welcher man eine gute Wahl treffen muß. Wir wollen jedoch darüber weder den Geburtshelfer, noch die Badefrau zu Rate ziehen, sondern sie selbst wählen, und dies ist eben kein großes Geheimnis. Vor allen Dingen muß man auf das Alter und die Beschaffenheit der Milch Acht haben. Die neue Milch ist leicht, enthält wenig käsichte Teile, und besitzt in den ersten Tagen ihrer Absonderung die vorzügliche Eigenschaft, aus den Eingeweiden des neugebornen Kindes die ersten zähen Exkremente fortzuschaffen. Nach und nach gewinnt die Milch mehr Konsistenz und gibt dem Kinde, das nun auch stärker geworden ist und besser verdauen kann eine festere Nahrung. Nicht ohne Ursache verändert die Natur bei dem Weibchen jeder Gattung die Substanz der Milch nach dem Alter des Säuglings. Ob man nun gleich für ein neugeborenes Kind seine Amme erwarten kann, die so eben erst niedergekommen ist, weil jede Gebährende, wenige ausgenommen, doch etliche Wochen, wenigstens mehrere Tage, zur Erholung von der Geburt nötig hat, um ein bestimmtes Geschäft außer dem Hause anzutreten, so wird man doch darauf sehen müssen, eine solche zu bekommen, die so eben erst aus ihren Wochen ist. Auch dies ist schwer, ich weiß es. In allem sobald man einmal von der natürlichen Ordnung abweicht, ist alles schwer, wenn es gut geraten soll.

Die Amme sollte eben so gesund am Herzen als am Körper sein. Von Körper ist sie als Amme gesund, wenn sie ein glattes, frisches, mit Rot gemischtes Gesicht, feurige, muntere

Augen, mit ganz reinen, gesunden Augenlidern, dunkelrote Lippen, ohne Geschwüre, Risse oder Schorfe, wenn sie reine, weiße, ganze Zähne und nicht allzu kleine, nicht mit Blütchen oder Geschwüren besetzte Brustwarzen hat. Die Milch kann gut sein, aber die Amme schlecht. Ein guter Charakter ist ebenso wesentlich als ein gutes Temperament. Nimmt man eine lasterhafte Amme, so will ich zwar nicht behaupten (so wahrscheinliche Erfahrungen man auch darüber hat), daß der Säugling ihre Laster annehmen werde; allein ich bin überzeugt, daß er darunter leiden wird. Ist sie ihm nicht außer der Milch Pflege schuldig, welche Eifer, Geduld, Sanftmut und Reinlichkeit erfordert? Wenn sie verbuhlt, naschhaft und unmäßig ist, so wird sie bald ihre Milch verderben. Die Milch einer geilen Dirne ist für den Säugling ungenießbar. Er stirbt an Zuckungen oder siecht ein elendes Leben hin.

Von einer schwangeren Amme zehrt das Kind ab, wird rachitisch, u.s.w. Ist sie nachlässig oder zum Zorn geneigt, was soll dann aus dem armen Kinde werden, das sich weder mit Erfolg beklagen noch verteidigen kann! Kann man einmal zu dem neugeborenen Kinde keine eben niedergekommene Amme erhalten, so hat man im übrigen eine freiere Wahl unter mehreren. Um ihre Fähigkeit, ein Kind sorgfältig zu pflegen, um ihre Reinlichkeit, ihr gutes Herz und selbst ihre Körpergesundheit genau zu erkennen, darf man sie nur, unangekündigt, bei ihrem eigenen Kinde belauschen und überraschen, ohne seine Absicht merken zu lassen. Die Handhabung ihres Kindes, ihre Zärtlichkeit für dasselbe, das blühende Ansehen des Kindes, seine Reinlichkeit, wird uns mehr lehren, als alle Atteste aus dem vornehmsten Ammenkomptoir.

Über die Nahrungsmittel der Ammen

herrschen viele Vorurteile. Am gewöhnlichsten ist man bemüht, einer Amme die ausgesuchtesten Bissen, die nahrhafteste, leckerste Kost, die gewürzlosesten, fettesten Fleischspeisen, die konzentriertesten Brühensuppen, das stärkste Bier, u.s.w. zu geben, oder vielmehr ihr aufzudrängen, damit sie, wie es heißt, recht nahrhafte Milch für den Säugling bekomme. Man irrt sich. Ist die Amme aus einem Stande, wo sie solche Speisen schon gewohnt ist (der einzige Fall, der eine solche Ammenkost entschuldigen könnte), so gehört sie schwerlich unter die gesunden Personen, und konnte daher gleich anfangs nicht zur Amme gewählt werden.

Ist sie aber aus einem niedrigen Stande, wo die besten Leckerbissen ein grünes oder dürres Gemüse, eine Mehlsuppe, oder ein Stück Käse und Brot sind, dann wird die genannte Ammenkost entweder dieser spärlich gewöhnten Person den Magen verderben, ihr gallische Beschwerden, Hautausschläge, Durchfälle erregen, oder, wenn sie ja die Probe übersteht und noch viel Ruhe und Mangel an Körperbewegung dazu kommt; wie man auch fälschlich für Ammen am besten hält, so wird sie übermütig, geil, und kann nicht umhin, ihren Leib den unsittlichsten Lastern Preis zu geben, und überdies noch faul, unreinlich und unachtsam auf das ihr anvertraute Kind zu werden. Diesen Abweg aber zu vermeiden, glaube man nicht auf dem ganz entgegengesetzten Wege die richtige Straße erwählt zu haben, wenn man der Amme möglichst alle Fleischspeisen untersagt.

Einzig Vegetabilien Kost gewählt, geben eine im Magen des Kindes gar leicht in Säure sich verwandelnde Milch; welches doch nicht sein soll. Die gesündeste Menschenmilch gerinnt eigentlich von keiner bekannten, selbst nicht der stärksten Mineralsäure, und unterscheidet sich dadurch von jeder Tiermilch. Bloß von dem im Magen des gesunden Kindes sich erzeugenden Laabe, einer noch nicht genug bekannten Substanz, muß die Muttermilch im Magen des Kindes gerinnen, ehe sie verdaut werden kann.

Diese natürlich geronnene Milch aber ist ganz süß und wird durchaus nicht sauer befunden, selbst von der feinsten Zunge nicht. Alles aber, was der Milch die Eigenschaft gibt, im Magen der Kinder sich in Säure (oft sehr scharfe Säure) umzuwandeln, verdirbt auch die Nahrhaftigkeit der Milch, und verursacht den Kindern Bauchgrimmen, Durchfälle, Geifern, Zuckungen, Schlaflosigkeit. Am ehesten aber wird die bloß gewächsartige Kost einer Amme solche leicht säuernde Milch erzeugen, wenn die allgemein eingerissene, sehr schädliche Sitte dazu kommt, sie von aller Handarbeit zu entfernen, und ihr so viel Ruhe und Gemächlichkeit zu verschaffen, als nur möglich ist. Gegen diesen Fehler der Ammendiät kann man nicht genug warnen. Ist sie aus einem niedrigen, und, wie billig, arbeitsamen Stande, so muß sie bei ihrem Ammenstande ähnliche, obgleich nicht so entkräftende, Arbeiten und Körperbewegungen vornehmen, und den ganzen Tag über in hinlänglicher Tätigkeit sein, wenn sie selbst gesund bleiben, und, was natürlich heraus folgt, auch gesunde Milch für den Säugling haben soll. Führt man dieses nötige Stück der Lebensordnung bei ihr aus, und setzt zu der ihr sonst gewöhnlichen (vegetabilischen) Kost, noch etwas nahrhafteres, mäßige Portionen Fleisch, so ist alle Absicht erreicht; die Amme bleibt bei Kräften, wird aber nicht gemästet, nicht faul, nachlässig, wohllüstig, sondern bleibt munter, gesund, aufmerksam, gut gesittet. Das Kind befindet sich am besten dabei.

Schädliche Gebräuche.

Manche Bademütter haben den Gebrauch, den Kopf der Kinder zusammenzudrücken, und meinen ihm dadurch eine bessere Form zu geben. Väter, duldet diese barbarische Gewohnheit nicht. Wie könntet ihr glauben, daß unsere Köpfe, wie sie der Urheber der Natur entstehen ließ, schlecht geformt wären?

Das Volk der Hebammen, welches sich oft durch eine sonderliche Überklugheit auszeichnet, die Einrichtungen der weisen Natur aberwitzig verbessern zu wollen, ein Schlag Menschen, der weit mehr Unheil in der Welt anrichtet, und unendlich weniger Vorteil stiftet, als gewöhnliche Mütter sich überreden lassen, die alltäglichen Hebammen, sage ich, haben noch eine andere herrliche Methode erfunden, den neugeborenen Kindern weiblichen Geschlechts schon in den ersten Tagen ihres Daseins die Fähigkeit, dereinst milchreiche Mütter zu sein, mit Gewalt beizubringen. Bei jedem Auf- und Zuwikkeln des Kindes, vorzüglich in den ersten neun Tagen, pflegen sie die kleinen, mit einer weißlich wässerigen Feuchtigkeit angefüllten Brüste zwischen ihren unbehutsamen Fingern auszudrücken, und dergestalt zu quetschen, bis einige Tropfen dieser lymphatischen Feuchtigkeit ausgepreßt sind. Die armen Kleinen schreien wehmütig, und empfinden die heftigsten Schmerzen; aber niemand bemerkt die Gewalttätigkeit. Die noch schwache Mutter ahndet entfernt auf ihrem Lager dergleichen nicht. Oft entstehen kleine Knoten hievon, die mit der Zeit größer, härter und schmerzhaft werden, und statt milchreicher Brüste, entstehen Brustkrebse.

So wissen eben diese (gewöhnlich gefühllosen) Geschöpfe auch ein probates Mittel, durch einen, freilich schmerzhaften, Handgriff die Nabelbrüche bei Kindern zu verhüten. (Als ob die allweise Natur nicht selbst dafür gesorgt hätte!) sobald die verwelkte Nabelschnur abgefallen ist, pflegen sie mit der angeleckten Spitze ihres Daumens den Nabel tief zu drücken, um ihn angeblich damit hereinzudrehen. Die Folge davon ist nicht selten eben das, was ihre Alleinweisheit verhüten wollte, ein Nabelbruch; und wo die stärkere Natur des Kindes die Folgen dieses unvernünftigen Handgriffs noch glücklich überwand, und kein Nabelbruch entstand, da messen sie sich das Verdienst bei, es verhindert zu haben.

Mütter, zärtliche, weise Mütter! verhindert die schädlichen Zudringlichkeiten von dieser Art, wo ihr wißt und könnt!

Gewohnheit, die Kinder mit lauem Wasser und Wein zu waschen, und Notwendigkeit, sie oft zu waschen.

Gleich nach der Niederkunft ist man gewohnt, das Kind mit lauem, insgemein mit etwas Wein vermischten Wasser abzuwaschen. Dieser Zusatz aber scheint mir eben nicht notwendig. Da die Natur nichts Gegorenes hervorbringt, so ist nicht glaublich, daß der Gebrauch einer künstlichen Flüssigkeit dem Leben ihrer Geschöpfe dienlich sein sollte. Aus eben dem Grunde ist auch die Vorsicht, das Wasser erst lau zu machen, nicht schlechterdings notwendig. Und in der Tat gibt es viele Völker, die ihre neugeborenen Kinder in den Flüssen oder in der See ohne Umstände waschen.

Indessen kann man mit lauem Wasser den Anfang machen, und nur nach und nach davon abgehen. Man wasche die Kinder oft, ihre Unsauberkeit beweist die Notwendigkeit davon. Wenn man sie bloß abtrocknet, so scheuert man die Haut und tut ihnen Schaden. So wie sie aber stärker werden, so vermindert nach und nach die Lauigkeit des Wassers, bis ihr sie endlich im Sommer und im Winter mit kaltem, ja selbst mit eisigem Wasser waschen könnt. Und damit sie dabei keiner Gefahr ausgesetzt seien, so wendet die größte Sorgfalt an, daß die Verminderung der Wärme, langsam fortschreitend und unmerklich sei. Wenn dieses Baden einmal eingeführt ist, so muß es nicht ohne Not wieder unterbrochen werden, da man dann endlich für gut finden wird, lebenslang dabei zu bleiben. Ich betrachte es nicht nur von Seiten der Reinlichkeit und Gesundheit, sondern als ein sehr diensames Mittel, sich zu gewöhnen, ohne Gefahr Kälte und Wärme zu vertragen.

Das Wiegen

ist eine uralte Gewohnheit, neugeborene Kinder zu bewegen. Da sich die Mode anmaßt, auch in die physische Erziehung der Kinder Eingriffe zu tun, so hat man auch die Wiegen als ein altfränkisches Hausgerät verwerfen wollen. Man hat mancherlei Kinderkrankheiten und andere diesem zarten Alter nicht ungewöhnliche Gebrechen von der Wiege hergeleitet, und ist so weit gegangen, sie als eine gefährliche und des philosophischen Jahrhunderts unwürdige Spielerei zu verschreien. Wie nun aber Wahrheit nicht altmodig werden sollte, so sollte man erst bedenken, was man an die Stelle der Wiege setzen wollte. Die Bewegung des Kindes im Mutterleibe ist größtenteils bloß leidend, das Schwanken in dem Kindswasser, wenn die Mutter geht oder sich auf andere Art bewegt. Je öfter sich die Mutter bewegt, desto ruhiger ist ihre Leibesfrucht, desto besser befindet sich Letztere; je weniger sie sich aber Bewegung macht und je weniger sie daher ihr Kind in diese schwankende, passive Bewegung setzt, desto unruhiger zeigt es sich, desto matter wird es endlich, und desto schwächlicher kommt es zur Welt.

Diese schwankende passive Bewegung, welche der Urheber des Lebens selbst zur anfänglichen Existenz des Menschen (zur Minderung der Reizbarkeit) für nötig fand, wodurch soll sie ersetzt werden? Könnten unsere sinnreichsten Philosophen wohl ein schicklicheres Ersetzungsmittel erfinden, als das sanfte Schwanken in einer mäßig bewegten Wiege, wo zugleich das Kind vor Gefahr, vor Kälte, und Beschädigungen von außen, sicher liegt, unendlich sicherer als in den rohen Armen einer oft unvernünftigen, hartherzigen Kindermagd. Aber sanft und behutsam muß das Kind gewiegt, das Wiegen selbst auch allmählich dergestalt gemindert werden, daß, wenn das Kind zu laufen beginnt, an diese bloß für das erste Kindesalter nötige Bewegung nicht mehr zu denken ist.

Doch ist für Kinder, die schon mehrere Wochen alt sind, in den meisten Fällen zu dieser Art passiver Bewegung ein sanfter offener Wagen vorzuziehen, wo mit der Sicherheit vor Beschädigungen und Rauhigkeit der Witterung noch der überschwengliche Vorteil des Genusses der freien Luft verbunden ist. Aber zugedeckt darf er nicht werden, wenn man letzten Hauptzweck erreichen will.

Nachteile des Wickelns*

Kaum hat das Kind den Schoß seiner Mutter verlassen, kaum genießt es die Freiheit, seine Glieder zu bewegen und auszustrecken, als man ihm schon neue Bande anlegt. Man wickelt es. Man legt den Kopf fest, die Beine lang ausgestreckt und die Arme an den Seiten des Körpers liegend. Es wird in Leinen und Binden von aller Art eingehüllt, die es hindern, seine Lage zu ändern. Zuweilen schnürt man es so fest zusammen, daß es kaum Atem holen kann. Nicht einmal die Vorsicht gebraucht man, es auf die Seite zu legen, damit das Wasser, das es durch den Mund von sich geben soll, von selbst herauslaufen könnte.

Das neugeborene Kind muß seine Gliedmaßen ausstrecken und frei bewegen können, wenigstens eben so frei und noch freier als da es in dem schlüpfrigen Wasser ungehindert in seiner Mutter Schoße schwamm, und auf und nieder zappelte. Hielt der Herr der Natur schon da für gut, daß der kleine Mensch seiner Gliedmaßen sich frei und ungehindert bedienen sollte, um wieviel mehr wird es wohl sein Wille sein, daß das Kind nach seinem Eintritte in die Welt eine höhere Stufe der Freiheit besteige, nicht aber in so harte Gefangenschaft gerate. Alles Wickeln und die Binden hindern es schlechterdings an der Bewegung. Man bindet auch noch den Kopf mit einem Häubchen fest. Es ist als wollte man verhüten, daß es ja nicht aussähe, als wenn es lebte. Alles das tut man, wie es heißt, damit die Kinder nicht gebrechlich werden. In Ländern, wo man diese verkehrten Vorsichten nicht braucht, sind die Menschen durchgehends stark, groß und wohl proportioniert. In den Ländern hingegen, wo man die Kinder wickelt, wimmelt es von Buckligen, Lahmen, Krummbeinigen, kurz

---

*Zum Glücke kommt die unsinnige und barbarische Gewohnheit des Wickelns in großen Städten immer mehr in Abnahme.

von Gebrechlichen aller Art. Das Wickeln und die Binden, in welche man die Kinder einschnürt, sind ein unüberwindliches Hindernis gegen die Bewegungen des Körpers, welche zum Wachstum nötig sind. Das Kind macht beständig vergebliche Anstrengungen, welche seine Kräfte erschöpfen. Die Untätigkeit, der Zwang, in welchem man seine Gliedmaßen hält, hemmen den Umlauf des Blutes und der Säfte, hindern das Kind am Wachstum und Stark werden, und schwächen die Konstitution. Man behauptet, daß die Kinder, wenn sie frei wären, üble Lagen annehmen und Bewegungen vornehmen würden, die ihren Gliedern schaden könnten*).

Aber unter der Menge von Kindern, welche bei anderen Völkern mit aller Freiheit ihrer Gliedmaßen erzogen werden, sieht man kein einziges, welches sich verletzte oder gebrechlich machte. Die Kinder sind keiner so starken Bewegungen fähig, die ihnen Gefahr zuziehen könnten, und wenn sie auch eine gewaltsame Lage annähmen, so würde der Schmerz sie bald zu Abänderung derselben nötigen. Es ist uns noch nicht eingefallen, die Jungen der Hunde oder der Katzen einzuwickeln; und hat man wohl gesehn, daß daraus ein Schaden entstanden wäre? Man mache also weder von Wickeln, noch von Binden und Kinderhäubchen Gebrauch, sondern lege das Kind in schlaffe und weite Windeln, die alle seine Glieder in Freiheit lassen und weder so schwer sind, um seine Bewegungen zu hemmen, noch so warm, daß es die Eindrücke der Luft nicht empfinden könnte. Man erstickt die Kinder, wenn man sie zu fest einzwingt und bekleidet. Statt daß die kalte Luft ihnen schaden sollte, so stärkt sie sie vielmehr. Die heiße Luft schwächt sie, verursacht ihnen Fieber und tötet sie. Man lege sie in eine große, wäre es auch nur mit Stroh ausgefütterte Wiege, in der es sich leicht und ohne Gefahr bewegen

---

*Warum beschädigen sie sich im Mutterleibe nicht, wo sie ihre Gliedmaßen frei hin und her bewegen können und die letzte Zeit auch schon Nägel an Händen und Füßen haben?

könne. Wenn es anfängt stärker zu werden, so lasse man es auf dem Boden des Zimmmers umherkriechen. Laßt es seine kleinen Gliedmaßen ausdehnen und anstrengen, und man wird sehen, daß es von Tag zu Tag mehr Kraft gewinnt. Vergleichet dann mit demselben ein Kind von dem nämlichen Alter, das aber gewickelt worden, und man wird einen auffallenden Unterschied wahrnehmen.*

Ich weiß wohl, daß ein Kind in einer ganz offenen Windel viel Sorgfalt erfordert und man es öfter reinigen muß, und ich erwarte allerdings, daß die Ammen sich diesem Gebrauch widersetzen werden, weil man ohne Unterlaß auf ein Kind, das sich in Freiheit befindet, acht haben muß, statt daß man es, wenn es gehörig gewickelt ist, in einen Winkel legen kann, ohne sich um sein Geschrei zu bekümmern. Wenn nun keine Beweise von der Nachlässigkeit der Amme vorhanden sind, wenn der Säugling nun weder Arm noch Bein bricht, was ist dann daran gelegen, daß er umkomme, oder daß er die ganze Lebenszeit schwach bleibe. Man erhält seine Gliedmaßen auf Unkosten des ganzen Körpers, und dem sei übrigens wie ihm wolle, so ist doch auf die Amme keine Schuld zu bringen.

---

*Die alten Einwohner von Peru, erzählt ein Schriftsteller, ließen den Kindern in einer sehr weiten Windel die Arme frei; wenn sie sie aus derselben herausnahmen, so steckten sie dieselben bis an den halben Leib frei in ein in die Erde gemachtes und mit Windeln bekleidetes Loch. Auf die Art hatten sie die Arme frei, konnten den Kopf bewegen und den Leib nach Willkür biegen, ohne zu fallen oder sich zu verletzen. So bald sie einen Schritt machen konnten, reichte man ihnen die Brust, aber etwas von weitem, als eine Lockspeise, um sie zum Gehen aufzumuntern.

Die kleinen Neger befinden sich zuweilen in einer noch beschwerlicheren Lage, wenn sie saugen. Sie umfassen mit den Knien und Beinen eine Hüfte der Mutter und schließen sich so fest an, daß sie sich ohne den Beistand der Hände der Mutter erhalten können. Mit den Armen halten sie sich an die Brust an und saugen ungestört, ohne zu fallen, währenddessen die Mutter allerlei Bewegungen macht, die ihre gewöhnliche Arbeit erfordert. Diese Kinder fangen mit dem zweiten Monat an zu laufen, oder vielmehr sich auf den Knien und Händen fortzuschleppen. Durch diese Übung erlangen sie in der Folge eine Fertigkeit, in dieser Lage fast eben so geschwinde zu laufen wie aufgerichtet.

Einige allgemeine Vorsichtsregeln.

Das Kind bedarf eben so sehr der Pflege seiner Mutter, als ihrer Brust. Aber man treibe diese Sorgfalt nicht zu weit. Mütter, macht aus eurem Kinde keinen Abgott. Fürchtet, seine Schwäche zu vermehren und zu unterhalten, indem ihr es hindert, dieselbe zu fühlen. Wenn ihr, um die natürlichen Übel von ihm abzuhalten, alle beschwerlichen Zufälle von ihm entfernet, so bedenkt, wie viel Ungemach und Gefahren ihr für die Zukunft über seinem Kopfe häufet, indes ihr es für jetzt vor einigen Ungemächlichkeiten bewahret. Beobachtet die Natur, und folgt der Bahn, die sie euch vorzeichnet. Sie übt die Kinder ohne Unterlaß, härtet ihr Temperament durch Proben von aller Art ab und lehrt sie frühzeitig was Schmerz und Leiden ist. Die durchbrechenden Zähne verursachen ihm oft Fieber, Koliken, und veranlassen Konvulsionen; es wird durch Husten geplagt, von Würmern gequält; mancherlei Schärfen gähren in dem Blute und verursachen Ausbrüche.

Fast das ganze erste Alter ist Krankheit und Gefahr. Allein wenn die Proben überstanden sind, so hat das Kind Kräfte gewonnen, und so bald es von dem Leben Gebrauch machen kann, ist auch die Lebenskraft stärker geworden. Dies ist der Gang der Natur; man hüte sich, ihr entgegen zu handeln. Die Erfahrung lehrt, daß mehr zärtlich erzogene Kinder sterben als andere. Wenn man nur nicht das Maß ihrer Kräfte überschreitet, so wagt man weniger bei Anwendung, als bei Schonung derselben. Härtet ihren Körper allmählich zu den Ungemächlichkeiten der Witterung, des Klimas und der Elemente ab, zum Hunger, zum Durst und zu Strapazen. Der Körper muß Lebhaftigkeit besitzen, um der Seele zu gehorchen; je schwächer er ist, desto mehr befiehlt er.

Ehe der Körper sich an etwas gewöhnt, kann man ihn ohne Gefahr so gewöhnen, wie man will. So bald er aber einmal eine gewisse Konsistenz erhalten hat, so bringt ihn jede Abänderung in Gefahr. Ein Kind kann Veränderungen ertragen, die kein Erwachsener aushalten würde. Man kann ein Kind abhärten, ohne sein Leben oder seine Gesundheit aufs Spiel zu setzen. Man muß stets auf die Zukunft bedacht sein, wenn man für seine Erhaltung sorgen will. Man muß es gegen die Gefahren der Jugendjahre waffnen, ehe es noch zu denselben gelangt.

Wollt ihr, daß euer Kind seine ursprüngliche Form behalte, so erhaltet sie von dem Augenblick seiner Geburt an. Bemächtigt euch desselben, sobald es geboren ist.

So wie die Mutter die echte Amme ist, so ist der Vater auch der echte Lehrer. Beide müssen sich zu Befolgung ihrer Pflichten vereinigen. Aus den Händen der einen muß das Kind in die Hände des andern gehen. Von einem verständigen, wenn gleich ungelehrten Vater wird es besser erzogen, als von dem geschicktesten Lehrer. Denn der Eifer ersetzt den Abgang der Kenntnisse besser, als Kenntnisse den Mangel des Eifers.

„Aber die Geschäfte, der Staat, die anderweitigen Pflichten", wird man sagen, „lassen es nicht zu. "Jawohl, die Pflichten! als ob die Pflichten des Vaters die geringsten währen.*

Es darf uns dann auch nicht befremden, wenn ein Mann, dessen Frau die Frucht ihrer Ehe nicht selbst stillen mochte, sie auch nicht erziehen mag. Wenn die Mutter sagt, daß ihre Gesundheit zur Amme zu schwach sei, so wird der Vater sagen, daß er zu viel Geschäfte habe, um selbst den Erzieher zu

---

*Wenn man im Plutarch liest, daß Cato, der Zensor, der Rom mit so vielem Ruhm regierte, seinen Sohn von der Wiege an selbst erzog, und zwar mit so viel Sorgfalt, daß er alles beiseite setzte, um zugegen zu sein, wenn die Amme, das ist die Mutter, ihn besorgte und wusch; wenn man im Sueton liest, daß Augustus, der Herr der Welt, die er erobert hatte und selbst regierte, seine Enkel selbst schreiben, schwimmen und die Anfangsgründe der Wissenschaften lehrte, sie auch beständig um sich hatte; so kann man sich freilich nicht enthalten, über die guten Leute jener Zeiten zu lachen, daß sie sich mit solchen Armseligkeiten abgaben.

machen. Die entfernten, hie und da zerstreuten Kinder werden also die Liebe zum väterlichen Hause an andere Gegenstände heften; die Brüder und Schwestern werden sich einander kaum kennen. Ist es denn für einen Vater so schwer, sein Kind selbst bis zu dem Zeitpunkt zu erziehen, da es eine öffentliche Schule besuchen kann? Ist es denn so schwer, das Herz und den Verstand desselben zu den Lehren, die es in der Schule empfangen soll, vorzubereiten, und dann die erhaltenen Lehren durch einige einfache Erklärungen, und vornehmlich durch das eigene Beispiel fruchtbar zu machen?

Die häuslichen (im Hause der Eltern angenommenen und erlernten) Tugenden sind das Erbteil eines jeden. Durch die feste und standhafte Ausübung derselben erheben wir uns zu der Höhe öffentlicher und bürgerlicher Verdienste.

Wenn ein Vater Kinder zeugt und ernährt, so erfüllt er nur den dritten Teil seines Berufs. Er ist seinem Geschlecht Menschen, der Gesellschaft gesellige Menschen und dem Staate Bürger schuldig. Jedermann, der diese dreifache Schuld bezahlen kann, und es nicht tut, ist strafbar, und dann vielleicht um so mehr, wenn er sie nur halb bezahlt. Wer die Pflichten des Vaters nicht erfüllen kann, hat auch kein Recht es zu werden. Weder Armut noch Arbeiten können ihn von der Schuldigkeit, seine Kinder zu ernähren und zu erziehen, loszählen. Glaubt es mir, Leser, ich sage jedem, der Gefühl hat und jene heiligen Pflichten verabsäumt, voraus, daß er einst bittere Tränen darüber vergießen und keinen Trost finden wird.

Verhütung der Krankheiten der Kinder, Lebensordnung

Die physische Natur der kleinen Kinder hat zwei Haupteigenschaften, wodurch sie sich von der Natur erwachsener Personen unterscheidet, und daher der Grund ihrer ganz eigenen Krankheiten. Schlaffheit und Weichheit der festen Teile, und Neigung zur Überreizbarkeit sind diese Eigenheiten. Daher ihr leichtes Erkranken, daher ihre schnellen Wiedergenesungen. Daher ihre schnellen Ermattungen, ihre Neigung zur Säure des Magens, zu Krämpfen, zu Hautausschlägen.

Weiß man durch naturgemäße Lebensordnung den Ton der festen Teile zu vermehren, und die Beweglichkeit der Faser zu mindern, und kennt man die Veranlassungen, wodurch die Weichheit und Reizbarkeit der Faser krankhaft erhöht zu werden pflegt, und vermeidet diese Veranlassungen, so hat man die Gesundheit, Munterkeit, und ich möchte sagen Moralität seiner Kinder größtenteils in seiner Gewalt.

Gibt es wohl pädagogische Kunstgriffe, die Trägheit, die Störrigkeit, den Eigensinn und die Unfolgsankeit langwierig kranker Kinder zu bessern? Welches mitleidige Mutter- oder Vaterherz könnte hier zu Züchtigungen seine Zuflucht nehmen? Und was helfen hier Vorstellungen? Macht die kranken Kinder gesund, und erhaltet die Gesunden gesund, so werden sie fast ohne Mühe sich selbst bilden nach guten, lebendigen Beispielen. Dies ist die wichtigste Maxime der Erziehungskunst.

Kein menschliches Geschöpf leidet empfindlicher und härter von Stubenluft (Luft durch das Atemholen und andre Gerüche und Ausdünstungen verdorben), als das zarte Alter der Kindheit. Sie vermindert die Lebenswärme. Sie ist fast nie ohne übermäßige Feuchtigkeit, durch den Odem der Menschen, durch ihre Ausdünstungen, u.s.w., erzeugt. Diese erschlafft die Faser. Da nun in feuchter, verdorbener Stubenluft das kleine Leben binnen wenigen Stunden erlöschen müßte, wenn man nicht mit künstlicher Wärme, durch Einheizen und warme Decken zu Hilfe käme, künstliche Wärme aber die Beweglichkeit und Reizbarkeit der Faser so sehr erhöhet; so sieht man, wie der Grund fast aller Krankheiten der Kinder bloß durch den ununterbrochenen Aufenthalt in Stubenluft gelegt werden kann. Die meisten Kinder sterben durch sie allein.

Wenn eine erwachsene Person in der Stubenluft hypochondrisch und hysterisch wird, so verfällt das Kind in Abzehrung, Durchfälle oder Konvulsionen, am meisten aber, und durch sie allein, in jene scheußliche Verunstaltung der schönen, majestätischen Menschengestalt, in die englische Krankheit (Verknüpfung, Zweiwuchs, Rachitis) die bitterste Satyre auf den über alle Tiere sich erhaben dünkenden Menschen, eine Krankheit, in der man nicht weiß, ob man mehr über die ungeheure Schlaffheit der festen Teile, oder über den großen Mangel an Lebenswärme oder über die ungemeine Empfindlichkeit der Nerven erstaunen soll.

Oft gegen den neunten Monat des Lebens macht ein beschwerliches Zahnen den Anfang, oder die entsteht später, nur nicht beim Säugen und nicht leicht über dem dritten Jahre. Die Muskeln der Arme und Lenden werden mager, welk und kraftlos, der Unterbauch gespannt, der Kopf, verzüglich die Stirne, aufgetrieben, das Gesicht blaß und gedunsen, die Augen treten hervor, die Schläfe fallen ein, der Hals wird dünn mit strotzenden Blutadern, die Nasenlöcher erweitern sich, der Odem wird keuchend, das Brustbein tritt hervor, die Rippen biegen sich einwärts, das Rückgrat krümmt sich hinterwärts, seitwärts oder schlangenförmig, die Enden aller Knochen verdicken sich, vorzüglich an der Fuß- und Handwurzel, alle Knochen werden weich, zuweilen wie Wachs, der ganze Körper verkrüppelt zu einem Ungeheuer, dem Anblicke andrer ein Scheusal, sich selbst ein Gegenstand der Verzweiflung. Von ihren übrigen unnennbaren Körperbeschwerden kein Wort.

Und siehe! man hat kein Beispiel von einem Kinde, das flei-
ßig reine, freie Luft genoß, welches nur eine Ahnung von dieser scheußlichen Krankheit gehabt hätte. Selbst reinlich und
mäßig gehaltene Kinder verkrüppeln so bloß durch Einwir-
kung verdorbener Stubenluft.

Aber auch alle anderen kleinen Krankheitsanfälle der Kinder verschlimmern sich in Stubenluft bis zu heftigen, langwie-
rigen und tödlichen Krankheiten, und die Erholungen von
Krankheiten werden bei Kindern in dieser Luft fast unmöglich.

Um diese erste und größte Ursache der meisten Kinderkrankheiten aus dem Wege zu räumen, ist es zwar etwas, die
Wohnzimmer und Schlafkammern dergestalt zu lüften, daß
die Zugluft durch Fenster und Türen frei hindurch streiche,
täglich wenigstens eine Stunde lang. Es ist etwas, sage ich,
vorzüglich wo die Häuser frei stehen und mit gesunder Luft
ringsumspült werden. Aber auch hier bleibt es ein unglaubli-
cher Unterschied zwischen dem Aufenthalte in so gelüfteten
Zimmern, und dem öfteren Aufenhalte in reiner, ganz freier
Luft, auf Feldern, Wiesen und frei liegenden Gärten. Was
soll man nun von den Wohnungen in dicht und enggebauten
Städten sagen, voll enger, schiefer, schmutziger, dunkler Gas-
sen, aus winkligen, mit Menschen und Tieren angefüllten, hohen Häusern zusammengesetzt, mit hohen, engen Hinterhö-
fen, wo kaum das Tageslicht einfällt! Wie schnell da in jedem
Raume die wenige reine Luft, die durch Winde noch zuweilen
von oben hereingetrieben wird, von jedem atmenden Geschöpfe, von Menschen und Tieren verschluckt und verdorben wieder ausgehaucht wird, wie häufig in solchen Wohnungen vorzüglich die Kinderkrankheiten sind, wie hartnäckig,
wie unheilbar - wie laut, wie hilflos diese armen Geschöpfe
hier winseln, wie häufig sie dahinsterben, wer nimmt das zu
Herzen? In solchen Städten (o! wären sie doch selten!) ist es
unmöglich, ein Kind gesund zu erziehen, wenn es nicht häufig, sehr häufig hinaus ins Freie getragen wird, oder man ihm

erlaubt immer auf den Straßen zu liegen, und, zwar erträglich gesund, aber auch bübisch und verrucht zu werden. Wie räumlich sind nicht die Wohnungen der Biber angelegt, wie lustig, wie nett, wie gesund; wie frei von reiner Luft umspült sind die Nester der Vögel unter dem Himmel! Und Menschen beeifern sich des Gegenteils! Bloß die Tiere mit einer Herzkammer ohne Zwerchfell, und die lungenlosen Tiere, die Würmer, Insekten und Amphibien können unbeschadet mit einer ziemlich verdorbenen Luft sich begnügen, aber Tiere mit zwei Herzkammern, vollständige Säugetiere, brauchen die größte Menge reiner Luft zum Leben, zur Gesundheit; sie können nicht so dicht beieinander bestehen, wie Ameisen in ihren Haufen, und das Bienenvolk in seinem Korbe.

Kinder müsssen häufig und viel in freier Luft atmen, und dann verringert sich die Zahl und Stärke aller ihrer Krankheiten, die unbedeutenden Anstöße überwindet ihre gute Natur selbst, sie werden kräftig, munter, mutig, stark, zum Guten fähig.

Wie nötig zu ihrer Gesundheit die Reinlichkeit und die Vermeidung der unnatürlichen Wärme ist, findet man oben erwähnt.

Luftig, kühl und reinlich gehaltene Kinder bekommen von selbst keine Haut- und Kopfausschläge, sie werden nicht wund, weder am Halse, noch unter den Achseln, noch hinter den Ohren, noch zwischen den Füßen. Eine geringe Wundheit vertreibt das Bestreuen mit Bärlapppulver, am meisten aber die Verhinderung der Säure im Magen.

Diese zu verhindern könnte man wohl Magnesie oder Austerschalenpulver vorschlagen, aber dies sind bloß Pallative. Außer der reinen Odemluft dient nichts mehr zur Entfernung der Magensäure bei Kindern, als die Mäßigkeit im Essen und Trinken, und in der Auswahl der Nahrungsmittel.

Süßigkeiten und fette Sachen müssen durchaus vermieden werden; Kuchen und Zuckergebacknes und Kartoffeln und Mehlbrei in Menge ihnen einstopfen, heißt sie unter die Erde bringen. Kleine und öftere Mahlzeiten müssen sie halten, von wohl ausgebackenem, weißem Weizenbrote und Milch anfänglich, wenn sie noch zart sind, und von wohl verdaulichem Gemüse und kräftigerem Brote, wenn sie gehen können. Aber immer in sehr mäßigen Portionen, auf vier und drei Mahlzeiten eingeteilt. Fleisch dürfen sie nicht eher bekommen, als bis sie Handarbeit verrichten.

Der die Tonkraft der Muskelfasern so sehr erschlaffende, die Reizbarkeit und Beweglichkeit aber kränklich erhöhende Kaffee darf den Kindern auch nicht in der kleinsten Menge beigebracht werden. Man kann nächst dem Branntwein kein schädlicheres Getränk für sie ersinnen. Wer hat ein an Kaffee gewöhntes Kind mit roten Backen gesehen, wo gibt es eins in der weiten Welt? Kaffee ist eine kräftige Arznei in gewissen Fällen; als tägliches Getränk aber schadet er, am meisten Kindern.

Verderblich ist die vermeintliche Erziehung, den zarten Kindern Beschäftigungen zu geben, die bloß im Stillsitzen bestehen, Seidezupfen, Stricken, Nähen; selbst Spinnen. Die verderblichste Beschäftigung aber für ganz kleine Kinder ist die Anstrengung in der Stube zu Geistesarbeiten, zu Auswendiglernen, zu fremden Sprachen, u.s.w. Der Körper bleibt unreif, klein, schwach, elend, während diese frühreife Gelehrsamkeitsstümperei, die in vernünftigen Augen immer eine bejammernswürdige Spielerei bleibt, dem kranken Gehirne einen so faden Ton gibt, der mit der Zeit nie reifes Nachdenken, Mannssinn und Vollständigkeit zuläßt, wenn auch der Körper einigermaßen noch zu seiner Reife kommen sollte.

Vernünftige, nicht modische Väter und Mütter! gebt euren Kindern einen starken, festen Körper, erzieht sie durch lautere, reine, lebendige Beispiele zur Tugend und Befolgung des Guten, streut in euren lehrreichen Unterredungen Stachel zum Selbstnachdenken aus, übt sie in körperlichen, zu den ersten Lebensbedürfnissen nötigen Arbeiten, härtet sie zur Duldung der physischen und moralischen Unannehmlichkeiten dieser Welt ab, impft ihnen ein liebevolles, zufriedenes Wesen ein, lehrt sie ihr Glück in einem reinen, empfindlichen Gewissen finden, unterstützt bloß ihren eigenen Trieb zu Wissenschaften, wenn sie heranwachsen, und wißt, daß ihr gute Weltbürger gezogen habt.

Man entferne fremde, schmutzige, lumpige Leute von ihnen, sie tragen oft den Keim zu ansteckenden Krankheiten bei sich; man erlaube auch den Kinderwärterinnen nicht, sie in Krankenstuben zu tragen.

Man erlaube ganz kleinen Kindern kein buntes Spielzeug, oft mit Operment, Mennige und Grünspan bemalt; sie lecken an diesem Gifte.

Man lasse sie nicht mit Kieselsteinen, Glas, Stecknadeln, Hemdknöpfen, Geld, Messern, Gabeln, oder Scheren spielen; sie nehmen ohne Überlegung, die man von ihnen noch nicht verlangen kann, dergleichen Dinge in den Mund und verschlucken sie, oft mit Gefahr des Lebens, oder verwunden sich.

Auf Tische Kinder zu setzen, und sie da vor sich spielen zu lassen, ist gefährlich. Mehrere sind verkrüppelt von einem Falle von Tischen herab.

Man lasse die Kinder nie von Mägden oder andern Mietlingen füttern, selbst von Großmüttern nicht. Dies sorgfältige Geschäft wird eine nicht unmütterliche Mutter durchaus selbst übernehmen, wenn sie ihre zarten Kinder nicht mit Linsen, Erbsen, Kartoffeln, Kuchen u.s.w. einmal todgefüttert finden will.

Überhaupt lasse man nicht zu, daß eine überkluge Kinderfrau, Bademutter, Großmutter oder andre dergleichen despotisch unvernünftige Geister, sich in die Diät, die Lebensordnung oder das Medizinieren der kleinen Kinder mischen dürfen. Ihre Künste, die zarten Geschöpfe durch Überfüttern fett machen zu wollen, welches sie für Gesundheit halten, ihre Künste, die von Unreinlichkeit, Stubenluft, Mangel an Bewegung und Magenverderbnis leidenden, schreienden Kinder durch unvernünftig starkes Wiegen, durch süße Lutschbeutel, durch Waschen mit Branntwein, durch Safranpapier unter den Kopf gelegt, durch Abkochung der Mohnköpfe, durch Diastordium, Michaels Ruhepulver, Mithridat, Theriak, Orvietanum u.s.w. zu betäuben, und in unnatürlichen, oft den Tod nach sich ziehenden, Schlaf zu bringen alle diese Künste sind bekannt und verdammlich. Die meisten an Konvulsionen sterbenden Kinder sterben an heimlich beigebrachten Mohnsaftmitteln. Selbst kein Maragrafenpulver, keine Krebsaugen, kein Kirschwasser, keine Rhabarber darf man in solchen Händen dulden.

Doch wer kann alle die Fährlichkeiten beschreiben, oder auch nur ahnen, in die schlecht erzogene Leute mit Weiberlist bewaffnet und von Allweisheit aufgeblasen die zarten Geschöpfe stürzen. Wer sein Kind lieb hat, warte es selbst, oder lasse es nur unter seinen eigenen Augen andern über (welches schon schlimm genug ist). Wer es aber ungesund, elend, an Leib und Seele verkrüppelt, oder wer es tot haben will, der überlasse es Wärterinnen.

Diese haben auch die gefährliche Gewohnheit, die Kinder dergestalt auf dem Arme zu tragen, daß das Kind bloß unter den Knieen umfaßt, mit den Unterschenkeln an den Leib angedrückt wird, so daß der Hintere und der Rücken ganz frei in der Luft hängt. Oft schwankt das Kind so rückwärts und sie fangen es an den Füßen wieder. Brüche, Verkrüppelungen des Rückgrats, Verrenkungen sind die gewöhnlichen Folgen, Am besten werden die Kinder von der Mutter dergestalt getragen, daß sich der Rücken der Kleinen an die Brust der Mutter anlehnt, indes die beiden Hände an den Seiten des Kindes herabgehen und sich unter den Schenkeln schließen, oder daß es auf einem Vorderarme dergestalt zu sitzen kommt, daß es sich in der Achselgrube desselben Armes anlehnen kann, indes der Oberarm es umschließt und vor dem Schwanken bewahrt. Anders darf kein Kind getragen werden.

Man gebe den Kindern nie Arznei bloß aus Vorsicht oder wegen unbedeutender Zufälle. Das Kind muß lernen kleine Beschwerden ertragen, und seine Natur, sie zu überwinden. Bei ernsthaften Zufällen ziehe man unverzüglich den Arzt zu Rate, nicht den Quacksalber, nicht den Schmeichler, nicht den wohlfeilsten, sondern den besten (den teuersten), den ruhigen, gewissenhaften Selbstdenker. Man ziehe ihn nicht bloß zu Rate, man befolge ihn pünktlich, mache ihn zum Vertrauten selbst der kleinsten auf die Krankheit Bezug habenden Umstände, behandle ihn als Freund und belohne ihn reichlich. Er gibt oft Leben, Gesundheit, wie kann man ihm diese Wohltaten belohnen.

Das erste Schreien, die ersten Tränen und Gebärden der Kinder.

Das Kind schreit, wenn es geboren ist, und seine erste Kindheit vergeht mit Weinen. Es drückt die Unbehaglichkeit seiner Gefühle und seiner Bedürfnisse durch Zeichen aus. Kinder weinen sehr viel, und das kann nicht anders sein, weil alle ihre Gefühle leidend sind. Sind sie angenehm, so genießen sie dieselben in der Stille; sind sie unangenehm, so sagen sie es in ihrer Sprache und verlangen Erleichterung. Allein so lange sie wachen, können sie fast nicht in einem gleichgültigen Zustande bleiben. Sie schlafen entweder oder leiden*).

Wenn ein Kind schreit, so nimmt man es auf, bewegt und liebkost es, um es zu beruhigen. Man sollte seine Bedürfnisse befriedigen. Oft bedroht oder schlägt man das Kind, um es stille zu machen. Entweder tun wir, was ihm gefällt, oder verlangen das, was uns gefällt; wir unterwerfen uns entweder seinen Einfällen, oder wir unterwerfen es den unsrigen. Es gibt kein Mittelding; das Kind erteilt schon Befehle oder empfängt solche. Seine ersten Ideen beziehen sich also auf Herrschaft oder Unterwürfigkeit. Ehe es sprechen lernt, befiehlt es; ehe es handeln kann, gehorcht es, und oft züchtigt man es, bevor es seine Fehler einzusehn, oder vielmehr dergleichen zu begehen im Stande ist.

So pflanzt man frühzeitig in seinem jungen Herzen Leidenschaften, und gibt dann der Natur Schuld; nachdem man sich Mühe gegeben, es böse zu machen, beklagt man sich, daß es so ist.

So wie der erste Zustand des Menschen in Elend und Schwäche besteht, so sind seine ersten Töne auch Klagen und Weinen. Das Kind fühlt seine Bedürfnisse und kann ihnen nicht abhelfen. Durch Schreien ruft es andre um Hilfe an.

---

*Vorzüglich in den ersten Wochen ihres Daseins.

Wenn es hungert oder durstet, so weint es; friert es, oder ist ihm zu warm, so weint es; hat es Bewegung nötig und man hält es in Ruhe, so weint es, und ebenso wenn es schlafen will und man es bewegt. Je weniger seine Art zu sein ihm angemessen ist, desto öfter begehrt es Veränderung. Es hat nur einen Ausdruck, weil sein Übelbefinden gleichsam auch nur von einerlei Art ist. Alle Arten von Übel verursachen ihm bloß eine Schmerzempfindung. Aus diesen Tränen, die man an sich für ziemlich unbedeutend halten möchte, entsteht jedoch das erste Sachverhältnis des Menschen mit dem, was ihn umgibt.

Wenn das Kind weint, so befindet es sich übel, und hat ein Bedürfnis, das es nicht befriedigen kann. Man muß es zu entdecken suchen, und wenn man es gefunden, ihm abhelfen. Findet man es nicht, oder kann man ihm nicht abhelfen, und das Kind beharrt darauf, so muß man es weder liebkosen noch bedrohen. Grobe Ammen schlagen es zuweilen. Ich werde es nie vergessen, als ich einst einen solchen Weiner von der Amme schlagen sah. Er war anfangs ganz stille, und ich hielt ihn für niedergeschreckt. Das wird einst eine feige Seele werden, dachte ich, die sich nur durch Strenge regieren läßt. Allein ich irrte mich; das Kind wollte vor Zorn ersticken, es hatte den Atem verloren, es ward ganz violett. Bald darauf brach es in das heftigste Geschrei aus, in welchem alle Kennzeichen des Unwillens, der Wut und des Ungestümes, dessen dieses Alter fähig ist, sich vereinigten. Ich fürchtete, daß es ganz wegbleiben würde. Ich bin versichert, wäre ein Feuerbrand von ungefähr dem Kinde auf die Hand gefallen, es würde dies weniger empfunden haben, als den ganz leichten Schlag; den es bekommen hatte, aber mit der offenbaren Absicht, ihm weh zu tun.

Diese Neigung der Kinder zum Unwillen, Trotz und Zorn erfordert eine äußerst behutsame Behandlung. Entfernet mit der größten Sorgfalt alle diejenigen, die es necken, reizen und ungeduldig machen. Sie sind ihnen zehnmal schädlicher, als die Ungemächlichkeiten der Luft und der Witterung. Wenn die Kinder bloß in den Sachen Widerstand finden, nicht aber in dem Willen anderer, so werden sie nie zornig oder halsstarrig werden, und auch gesünder bleiben. Man muß aber stets bedenken, daß es etwas ganz anders ist ihnen gehorchen, und sie quälen.

Ein gesundes in freier Luft erzogenes Kind bekommt durch Schreien keinen Bruch, selbst ein kränkliches, schwächliches Kind wird weniger dadurch, daß man es weinen läßt, einen Bruch bekommen, als wenn man sich ängstlich bestrebt, es zu besänftigen. Sieht man nicht, daß diejenigen Kinder, um die man sich am wenigsten bekümmert, diesem Gebrechen weniger ausgesetzt sind als andere? Ich bin jedoch weit entfernt zu wünschen, daß man sie vernachlässige; im Gegenteil ist es nötig, daß man ihren Bedürfnissen zuvorkomme, und sich nicht erst durch Schreien daran erinnern lasse. Ein Kind pflegt nur dann zu weinen, wenn es leidet, und das ist ein großer Vorteil, denn alsdann weiß man bestimmt, wenn es Beistand bedarf, und man muß nicht säumen, ihm denselben wo möglich bald zu gewähren. Könnet ihr ihm nicht helfen, so bleibet ruhig, ohne es zu liebkosen, um es zu besänftigen. Eure Liebkosungen werden das Leibschneiden nicht heilen. Unterdessen wird es sich wohl merken was es tun muß, um geliebkost zu werden, und wenn es einmal gelernt hat, wie es euch nach seinem Willen beschäftigen kann, so wird es euer Herr, und alles ist verloren. Die Sorgfalt, welche man Kindern widmet, muß mit Klugheit verbunden sein. Warum sollten sie nicht weinen, wenn sie einmal wissen, daß dies zu so vielen Dingen gut ist. Das anhaltende Weinen eines Kindes, welches weder beklemmt noch krank ist, und dem man es an nichts fehlen läßt, rührt bloß aus Gewohnheit und Hartnäckigkeit her. Es ist nicht die Wirkung der Natur, sondern der Amme, die, weil sie dasselbe nicht zu ertragen versteht, es nur vermehrt, ohne zu bedenken, daß, wenn sie das Kind heute zum Schweigen bringt, sie es dadurch aufmuntert morgen noch mehr zu weinen.

Das einzige Mittel, diese Gewohnheit zu verhüten oder sie zu dämpfen ist, daß man nicht darauf achtet. Niemand macht sich gern vergebliche Mühe, und so auch die Kinder. Es gibt eigensinnige Kinder, wenn ihr aber mehr Standhaftigkeit zeigt, als sie Hartnäckigkeit, so werden sie sich dieselbe bald abgewöhnen. Auf die Art erspart man ihnen Tränen und gewöhnt sie, solche nur dann zu vergießen, wenn der Schmerz sie dazu nötigt. Weinen sie aus Laune oder Eigenwillen, so ist kein besseres Mittel, demselben Einhalt zu tun, als sie durch einen angenehmen, auffallenden Gegenstand zu zerstreuen, wodurch sie vergessen, daß sie weinen wollten. Die meisten Ammen haben es in dieser Kunst weit gebracht, und wenn sie mit Klugheit angewandt wird, so ist sie sehr nützlich. Es ist aber sehr wichtig, das Kind es nicht merken zu lassen, daß man es zerstreuen will, und daß es sich unterhalte, ohne zu glauben, daß man an dasselbe denkt. In dieser Hinsicht aber versehen es fast alle Ammen.

Die Kinder weinen und schreien, sobald sie im Finstern sind. Man muß sie daher frühzeitig an die Finsternis gewöhnen. Die Erziehung des Menschen hebt mit seiner Geburt an. Ehe er noch sprechen lernt oder etwas versteht, unterrichtet er sich schon. Wenn er seine Amme kennt, so hat er schon viel gelernt.

Zu dem Ausdruck der Stimme gesellen sich die nicht minder ausdrucksvollen Gebärden. Zwar kann das Kind zu diesem Zweck seine schwachen Hände noch nicht gebrauchen; allein sie kommen auf dem Gesicht zum Vorschein. Es ist zum Bewundern, wie viel Ausdruck die noch so wenig entwickelten Physiognomien haben. Ihre Gesichtszüge wechseln von einem Augenblick zum andern mit einer unglaublichen Schnelligkeit. Man sieht wechselsweise Lächeln, Begierde und Schrecken auf ihnen wie Blitze entstehen; jedesmal glaubt man ein anderes Gesicht zu sehen, und doch findet man, daß ihre matten Augen fast nichts sagen. Sie kehren dieselben aber stets nach dem Lichte, und wenn dieses gerade von der

Seite kommt, so nehmen die Augen nach und nach diese Richtung. Daher man stets bedacht sein muß, sie mit dem Gesicht dem Tageslicht gegenüber zu legen, damit sie nicht schielen lernen oder sich gewöhnen, von der Seite zu sehen. Doch hat das Schielen der Kinder gewöhnlich auch eine merkliche Nervenschwäche zum Grunde.

Die ersten Tränen der Kinder sind Bitten; wenn man sich aber nicht vorsieht, so werden sie zu Befehlen. Man muß die geheime Absicht ihrer Gebärden und ihres Geschreies zu erforschen suchen. Wenn zum Beispiel das Kind die Hand mit Anstrengung ausstreckt, ohne etwas zu sagen, so glaubt es den Gegenstand erreichen zu können, weil es die Entfernung desselben nicht beurteilen kann. Es irrt sich; bringt es dann langsam und allmählich dem Gegenstande näher. Beklagt es sich aber und schreit bei Ausstreckung der Hand, so irrt es sich nicht in Absicht der Entfernung, sondern befiehlt dem Gegenstand sich zu nähern, oder euch, ihn ihm herbei zu holen. In diesem Fall müßt ihr gar nicht tun, als wenn ihr es verstündet. Je mehr es schreit, desto weniger müßt ihr darauf achten. Es muß sich frühzeitig gewöhnen, weder Menschen, noch Sachen zu gebieten; nicht den ersteren, weil es ihr Herr nicht ist, nicht den anderen, weil sie es nicht verstehn. Wenn indes das Kind eine Sache verlangt, die es sieht, oder die man ihm geben will, so kann man sie ihm geben; doch ist es besser, das Kind zu dem Gegenstande hinzubringen, als ihm denselben herbeizuholen. Aus diesem Verhalten wird es eine seinem Alter angemessene Lehre ziehn, und es gibt kein andres Mittel, ihm dieselbe beizubringen.

Kinder sind nur böse, weil sie schwach sind; macht sie stark, und sie werden gut werden.

Gewohnheiten.

Laßt die Kinder keine Gewohnheiten annehmen. Ist die Zeit zum Essen und zum Schlafen zu genau abgemessen, so wird ihnen beides nach Verlauf des bestimmten Zwischenraums notwendig, und bald entsteht das Verlangen danach nicht mehr aus dem Bedürfnis, sondern aus der Gewohnheit; oder es wird vielmehr zu dem natürlichen Bedürfnis ein Neues hinzugefügt, das bloß auf Gewohnheit beruht; und das muß man verhüten. Man trage das Kind nicht immer auf demselben Arme, sondern auch auf dem anderen; man lasse es nicht immer die nämliche Hand reichen oder sich nur einer bedienen; man gewöhne es nicht, immer zur nämlichen Stunde essen, schlafen oder handeln zu wollen, oder daß es weder bei Tage noch bei Nacht allein bleiben könne. Bereitet es in Zeiten zum Gebrauch seiner Freiheit vor und zur Anwendung seiner Kräfte, indem ihr es in Stand setzt, jederzeit Herr von sich selbst zu sein und seinen Willen zu vollstrecken, sobald es einen hat.

Die erste Erziehung ist die Wichtigste. Ich spreche daher vorzüglich immer mit euch, ihr Mütter; denn nicht zu rechnen, daß die Frauen, der Natur der Sache nach, auf diese Erziehung mehr ihre Aufmerksamkeit richten können als die Männer, und allezeit mehr auf dieselbe wirken, so muß ihnen auch am guten Erfolge der Erziehung mehr gelegen sein, weil ihnen im Fall des Witwenstandes die Kinder meistenteils ganz allein überlassen bleiben, und sie dann die guten oder schlechten Wirkungen der Erziehung, die sie den Kindern gegeben, desto stärker empfinden. Aus diesem Grunde kann man den Müttern nicht zu viel Autorität einräumen. Ihre Pflichten sind mühsamer als die der Väter. Ihre Bemühungen haben weit mehr Einfluß auf die gute Ordnung in der Familie. Überhaupt haben sie auch mehr Anhänglichkeit an die Kinder. Wenn es Fälle gäbe, wo man einen Sohn wegen des Mangels an Ehrerbietung gegen den Vater entschuldigen könnte, so müßte man ein Kind, das so ausgeartet wäre, daß es gegen seine Mutter, die es in ihrem Schoße getragen, mit ihrer Milch ernährt und jahrelang um seiner Willen sich selbst vergessen hat, in irgend einem Fall die schuldige Ehrerbietung aus den Augen setzen konnte, - ein solches Kind müßte man je eher, je lieber wie ein Ungeheuer, das des Lebens nicht wert wäre, ersticken.

Die Mütter, sagt man, verziehen die Kinder; wenn das ist, so tun sie freilich Unrecht. Aber die Mutter will, daß ihr Kind glücklich sei, und zwar sogleich; und darin hat sie recht. Irrt sie sich in Absicht der Mittel, so muß man sie belehren. Die Ehrsucht; der Geiz, die Tyrannei, die verkehrte Vorsichtigkeit der Väter, ihre Nachlässigkeit und Unempfindlichkeit kann den Kindern nicht minder nachteilig werden, als die blinde Zärtlichkeit der Mütter.

Wahl der Gegenstände, die man den Kindern unter die Augen bringen muß

Sobald das Kind anfängt, die Gegenstände zu unterscheiden, so muß man unter denen, die man ihm zeigte eine Wahl anstellen. Natürlicher Weise afficiren alle neue Gegenstände den Menschen. Er fühlt sich so schwach, daß er alles fürchtet was er nicht kennt. Die Gewohnheit, neue Gegenstände zu sehen, ohne davon affiziert zu werden, zerstört diese Furcht.

Kinder in reinlichen Häusern erzogen, wo man keine Spinneweben duldet, fürchten sich vor Spinnen, und diese Furcht hängt ihnen oft noch an, wenn sie schon erwachsen sind.

Warum will man die Erziehung des Kindes nicht anfangen, bevor es noch spricht oder versteht, da bloß die Wahl der Gegenstände, die man ihm vorhält, es furchtsam oder beherzt machen kann? Man muß es gewöhnen, neue Gegenstände, häßliche, ekelhafte und sonderbare Tiere zu sehen, aber nur nach und nach und von weitem, bis es sich daran gewöhnt und sie endlich selbst verlangt, wenn es andere dieselben handhaben sieht. Hat es in seiner Kindheit ohne Schrecken Kröten, Eulen und Krebse gesehn, so wird es auch erwachsen ein jedes Tier ohne Abscheu betrachten können. Für den, der alle Tage häßliche Gegenstände sieht, sind keine mehr häßlich.

Neulich war ich in einem Hause, als gerade einer von unsern braven Verteidigern des Vaterlandes von der Armee zurückkam. Sein Kind erschrak vor dem Federbusche, der auf seinem Kasket wehte; es kannte ihn nicht, schrie und verbarg sich in dem Schoß der Mutter. Was tat der Vater? Er legte das Kasket ab und liebkoste den Sohn. Dann ging er zu dem Kasket, spielte mit den Federn und ließ sie das Kind anfühlen.

Endlich nahm die Mutter das Kasket und setzte es ihm lächelnd auf den Kopf. So ward das Kind von dem Schrecken geheilt.

Um dem Kinde die Furcht vor einem Feuergewehr zu benehmen, brenne man vors erste etwas Pulver von der Pfanne einer Pistole; die plötzliche und vorübergehende Flamme ergötzt es. Man wiederhole das nämliche mit etwas mehr Pulver. Nach und nach bringe man eine kleine Ladung in die Pistole, doch ohne Pfropfen, dann eine größere, und so wird man es nach und nach zu Knalle von Flinten, Pöllern und Kanonen gewöhnen.

Ich habe bemerkt, daß Kinder sich selten vor dem Donner fürchten, wenn es nicht sehr starke Schläge sind, die wirklich das Gehör betäuben. Außerdem entsteht diese Furcht erst dann, wenn sie erfahren, daß Ungewitter zuweilen Schaden tun oder töten. Wenn der Verstand anfängt, ihnen in dieser Hinsicht Furcht einzuflößen, so suche man sie durch Gewohnheit beherzt zu machen. Durch allmähliche Gewöhnung kann man den Mann und das Kind gegen jede Gefahr unerschrocken machen.

Zahnen

Die Zeit, da man die Kinder entwöhnen soll, wird durch den Durchbruch der Zähne bestimmt, und dieser Durchbruch ist insgemein beschwerlich und schmerzhaft bei unsern Stadtkindern. Aus einem mechanischen Instinkt bringt das Kind dann gewöhnlich alles nach dem Munde was es hat, um daran zu kauen. Manche haben die üble Gewohnheit, ihm zu diesem Behuf ein Spielzeug von Kristall oder Elfenbein, oder einen Wolfszahn zu geben. Man glaubt ihnen dadurch eine Hilfe zu erweisen, aber man irrt sich. Wenn dergleichen Spielzeug an das Zahnfleisch gebracht wird, so macht es dasselbe hart, statt es zu erweichen, und veranlaßt einen nur noch beschwerlicheren und schmerzhafteren Durchbruch. Man nehme nur immer den Instinkt zur Richtschnur. Sieht man wohl, daß junge Hunde ihre durchbrechenden Zähne an Kieseln, Eisen oder auch selbst an Knochen üben? Nein, sondern an Holz, Leder, Lumpen und anderen Dingen, welche weich sind und in die der Zahn eindringen kann. Ein Stückchen Süßholz, woran das Kind saugen und nagen kann, wird ihm weit angenehmer sein, als alles zierliche und kostbare Spielzeug, und wird ihm keinen Schaden tun.

Durch viel freie, reine Luft genährte Kinder sind, wie gesagt, keinem schwierigen Durchbruche der Zähne ausgesetzt. Die Bauernkinder haben unbemerkt den Mund voll Zähne; ehe die Mutter es gewahr wird, stehen sie schon in ein Paar Reihen da. Jedes schwierige Zahnen ist ein Zeichen von rachitischer Kränklichkeit, von Ansatz zur englischen Krankheit.

Wenn ein Kind so glücklich ist, oft und viel reine Luft zu genießen, so hat es mit dem neunten Monate schon zwei, auch wohl vier Zähne, und kaum daß es dabei etwas geifert oder etliche flüssige Stuhlgänge hat. Alle Methoden, dem kränklichen, rachitischen Kinde den Durchbruch der Zähne durch künstliche Mittel erleichtern zu wollen, sind, wie die Erfahrung lehrt, unkräftig, oft zweckwidrig und schädlich. Wie kann die beim schwierigen Zahnen oft bis zur Zerstörung der Maschine steigende Reizbarkeit der Faser, und das äußerst empfindliche Nervensystem durch einen Wolfszahn, ein Stückchen Elfenbein oder Juchten in den Mund genommen besänftigt und herabgestimmt werden? Gebt euren Kindern reine, freie Luft in Menge, und sie werden, ehe man das Spielwerk herbei sucht, schon unvermerkt die Zähne haben.

Sprache der Kinder

Kinder, welche hören können, lernen auch reden. Bloß die taub Geborenen lernen es nicht, und die Blödsinnigen lernen nur undeutlich sprechen. Die Kinder hören von der Geburt an sprechen. Man spricht nicht nur mit ihnen, ehe sie noch imstande sind, das Gehörte nachzusagen, sondern ehe sie noch etwas verstehn. Es ist nützlich, sie durch Singen muntrer und abwechselnder Töne zu unterhalten; aber ich halte es nicht für gut, Kinder mit einer Menge vergeblicher Worte zu betäuben, von denen sie nichts verstehen, außer dem Ton, den man darauf legt. Ich wünsche, daß die ersten Worte, die man sie hören läßt, leicht sind, deutlich ausgesprochen, oft wiederholt werden und in die Sinne fallende Gegenstände ausdrükken, die man dem Kinde zeigen kann. Die unselige Leichtigkeit, einander mit Worten zu bezahlen, die man nicht versteht, fängt früher an als man denkt.

Man ist besorgt, die Kinder zum Sprechen zu bringen, als wenn man fürchtete, daß sie es nicht von selbst lernen würden. Diese voreilige Bemühung bringt eine dem erzielten Zweck ganz entgegengesetzte Wirkung hervor. Sie lernen später viel schwerer sprechen. Die üble Gewohnheit, auf alles, was sie sagen, die äußerste Aufmerksamkeit zu wenden, überhebt sie der Mühe, deutlich auszusprechen, und da sie kaum den Mund auftun, so behalten viele unter ihnen das ganze Leben hindurch eine so undeutliche Aussprache, daß man sie kaum verstehen kann. Diesen Fehler bemerkt man nicht leicht auf dem platten Lande. Da schnarrt und lispelt niemand, weil die auf dem Felde zerstreuten, von Vater, Mutter und anderen Gespielen entfernten Kinder sich üben, von weitem gehört zu werden, und die Stärke ihrer Stimme nach der Entfernung derer, von denen sie verstanden sein wollen, abzumessen. Auf die Art lernt man gehörig sprechen. Was manche Kinder der sogenannten Vornehmen in den Bart murmeln, versteht man nicht. Man eile also nicht, das Kind zum Sprechen zu bringen.

Es wird schon von selbst anfangen, wenn es den Nutzen davon einsieht. Man bemerkt freilich, daß diejenigen, die spät anfangen, nie so gut sprechen lernen als andre; aber das rührt nicht daher, daß sie spät anfingen, sondern weil sie mit einer schweren Zunge geboren wurden. Denn warum sollten sie sonst später anfangen zu reden als andere? Haben sie etwa weniger Gelegenheit, oder muntert man sie weniger dazu auf? Im Gegenteil macht die Unruhe, welche diese Verspätung, sobald man sie inne wird, verursacht, daß man sich weit mehr mit ihnen quält, sie zum Stammeln zu bringen, als mit denjenigen, die bald sprechen. Dieses übelangebrachte Treiben kann viel dazu beitragen, ihre Sprechart undeutlich zu machen, dahingegen, wenn man weniger Eile gebraucht hätte, sie Zeit gewonnen haben würden, dieselbe vollkommener zu machen.

Die Kinder, welche man zu sehr zum Sprechen antreibt, haben nicht Zeit, gut aussprechen, noch das Verstehen zu lernen, was man sie sagen läßt. Vorzüglich zwingt man sie schnarren zu lernen, wenn man sie antreibt, das »R« deutlicher auszusprechen, als es ihre schwachen Organe erlauben. Überläßt man sie aber sich selbst, so üben sie sich an den Silben, die am leichtesten auszusprechen sind; wenn sie dann die Bedeutung derselben hinzufügen, welches man aus ihren Gebärden abnehmen kann, so geben sie uns ihre Worte, ehe sie die unsrigen empfangen. Dies hat die Folge, daß sie die unsrigen nicht eher annehmen, als bis sie den Sinn derselben gefaßt haben. Was soll man aber von der Torheit so vieler Väter und Mütter sagen, die, wenn sie mit den Kindern reden, die Worte grade so abgebrochen und verstümmelt aussprechen, wie die letzteren zu tun pflegen? Die ersten Entwicklungen der Kindheit gehen fast zu gleicher Zeit vor sich. Sie lernen fast in der nämlichen Zeitperiode essen, sprechen und gehen.

Fallhut, Laufbank, Gängelbänder

Was die Kinder weit besser von sich selbst lernen, muß man sie nicht lehren. Kann wohl etwas unnützer sein, als die Mühe, die man sich gibt, sie gehen zu lehren? Hat man wohl je gesehn, daß jemand durch die Nachlässigkeit seiner Amme nicht gehen gelernt hätte? Man gebe den Kindern weder Fallhut, noch Laufbank, noch Leitbänder. Sobald ein Kind anfängt, einen Fuß vor den andern zu setzen, so darf man es dann nur unterstützen, wenn es sich auf gepflastertem Boden befindet. Anstatt es in der verdorbenen Luft des Zimmers umherkriechen zu lassen, bringe man es alle Tage auf eine Wiese oder einen Rasenplatz. Dort mag es gehen, laufen, und den Tag über hundertmal fallen; desto besser! es wird dann um so leichter aufstehen lernen. Das Wohltätige der Freiheit macht viele Wunden gut. Ein so erzogenes Kind wird manche Quetschung bekommen, aber auch immer froh sein und sich selten beklagen. Die freie Luft gibt ihnen die Stärke, von selbst gehen zu lernen. In der Stubenluft aber verlernt ein schon fertig laufendes Kind die Kraft zu gehen, man mag es noch so sehr zum Gehen antreiben.

Schreien und Weinen der Kinder, wenn sie schon sprechen können

Wenn die Kinder anfangen Sprechen zu lernen, so weinen sie weniger. Dieser Fortschritt ist natürlich. Eine Art sich auszudrücken ersetzt die andre. Sobald sie durch Worte andeuten können, daß sie leiden, warum sollten sie es durch Schreien tun? Es sei denn, daß der Schmerz zu stark wäre, als daß er durch Worte ausgedrückt werden könnte. Fahren sie alsdann noch fort zu weinen, so ist es die Schuld derer, die um sie sind. Sobald das Kind einmal sagen kann: das tut mir weh, so müssen die Schmerzen sehr stark sein, um es zum Weinen zu zwingen. Ist das Kind so zärtlich und empfindlich, daß es um nichts weint, so wird man diesem Fehler bald abhelfen, wenn man nicht darauf achtet. Solange es weint, gehe man nicht zu ihm. Bald wird es sich die Methode angewöhnen, euch zu rufen durch Schweigen, oder daß es höchstens einen Schrei tut. So sehr sich auch ein Kind beschädigen mag, so wird es sehr selten schreien, wenn es allein ist, es sei denn, daß es Hoffnung hätte, gehört zu werden. Fällt es, schlägt es sich eine Beule an den Kopf, blutet ihm die Nase oder schneidet es sich in die Finger, so bleibe man, anstatt mit ängstlicher erschreckener Mühe zu ihm zu eilen, ganz gelassen, wenigstens eine kurze Zeit.

Das Übel ist einmal geschehn, und es ist notwendig, daß es dasselbe ertrage; euer ängstliches Bestreben würde es nur noch mehr erschrecken und seine Empfindlichkeit vermehren. Wenn wir uns Schaden getan haben, so ist es im Grunde nicht so sehr der Schlag oder die Wunde, die uns quält, als die Furcht vor den Folgen. Erspart eurem Kinde wenigstens diese letztere, denn gewißlich wird es sein Übel eben so beurteilen, wie es sieht, daß ihr davon urteilt. Wenn ihr mit Unruhe herbeilauft, es tröstet und beklagt, so hält es sich für verloren. Sieht es aber, daß ihr bei kaltem Blute bleibt, so wird es sich auch bald beruhigen und das Übel für gehoben halten. In die-

sem Alter empfängt man die ersten Lehren der Herzhaftigkeit, und wenn man ohne Schrecken und Unruhe geringe
Schmerzen ertragen lernt, so lernt man nach und nach auch
große ertragen.

Freilich muß man darauf Acht haben, daß ein Kind sich
nicht verletze. Allein ich habe selbst Kinder, und würde es
nicht gerne sehen, wenn sie sich nie verletzten und groß würden, ohne den Schmerz zu kennen. Leiden ist das erste, was
ein Kind lernen muß, und das, was ihm zu wissen am nötig-
sten ist. Es scheint, als wenn die Kinder nur darum klein und
schwach wären, um diese wichtige Kunst ohne Gefahr zu lernen. Wenn das Kind nach der Länge hinfällt, so wird es sich
kein Bein brechen, noch einen Arm, wenn es sich etwa mit einem Stocke schlägt; greift es ein scharfes Eisen an, so wird es
nicht so stark anfassen, daß es sich sehr tief schneiden sollte.
Man setze es aber nicht unvorsichtiger Weise auf hohe Örter,
oder allein nahe bei Feuer; man entferne sorgfältig von ihm
alle gefährliche Werkzeuge. Was soll aber aus solchen mutlo-
sen und unerfahrenen Kindern werden, die bei einer kleinen
Wunde sich des Todes zu sein glauben, oder bei Erblickung
des ersten Bluttropfens in Ohnmacht sinken wollen?

Ein anderer Fortschritt, wodurch den Kindern das Klagen
minder notwendig wird, ist das Zunehmen ihrer Kräfte; da sie
mehr durch sich selbst können, so haben sie auch seltener
fremde Hilfe nötig.

Ich habe schon gesagt, was man tun muß, wenn ein Kind
weint, um dies oder jenes zu bekommen. Ich füge nur noch
hinzu, daß, wenn es bereits durch Worte anzeigen kann was
es wünscht, und es gleichwohl seine Bitte, entweder um sie desto geschwinder zu erlangen oder eine abschlägige Antwort
rückgängig zu machen, durch Weinen unterstützt, man ihm
schlechterdings die Erfüllung des Verlangens verweigern
muß. Hat wahres Bedürfnis es zum Weinen bewogen, so kann
man es selbst wissen und muß demselben sogleich abhelfen.
Bewilligt ihr ihm aber etwas bloß um der Tränen willen, so

muntert ihr es zu Vergießung derselben auf und lehrt es an eurem guten Willen zweifeln, und glauben, daß Ungestüm mehr bei euch ausrichtet als guter Wille. Hält es euch nicht für gutwillig, so wird es bald boshaft werden; hält es euch für schwach, so wird es halsstarrig. Es ist nötig, immer auf das erste Zeichen zu bewilligen, was man nicht abschlagen will. Man sei nicht verschwenderisch mit Verweigerungen, widerrufe sie aber niemals.

Das sicherste Mittel ein Kind unglücklich zu machen ist, es zu gewöhnen, alles, was es begehrt, zu erlangen. Denn da seine Begierden wegen der Leichtigkeit, wenn sie befriedigt werden, unaufhörlich wachsen, so wird früh oder spät das Unvermögen euch gegen euern Willen zu einer abschlägigen Antwort nötigen. Diese wird das Kind, weil es nicht daran gewöhnt ist, mehr quälen als die Entbehrung dessen, was es verlangt. Erst wird es den Stab, den ihr in Händen habt, dann eure Uhr, dann den Vogel, der in der Luft fliegt oder den Stern, der am Himmel schimmert, kurz, alles was es sieht, haben wollen. Wenn ihr auch ein übermenschliches Vermögen hättet, wie wolltet ihr alle seine Wünsche befriedigen? Von zwei verzogenen Kindern schlägt das eine den Tisch, indes das andre das Meer peitschen läßt. Die Natur hat die Kinder geschaffen, daß man sie lieben und ihnen beistehen, nicht aber, daß man ihnen gehorchen oder sich vor ihnen fürchten solle. Das Wort »Nein« sei also eine Mauer, gegen welche das Kind höchstens fünf oder sechsmal, und dann nie wieder seine Kräfte versuchen wird, sie umzustoßen. Auf die Art wird man es geduldig, gleichmütig, gefaßt und ruhig machen, selbst dann, wenn es nicht bekommt, was es haben will. Der Ausdruck: es ist nichts mehr da, ist eine Antwort, gegen welche ein Kind sich nie gesträubt hat, es sei denn, daß es dieselbe für eine Lüge hielt.

Lügen

Wird in eurer Abwesenheit ein Schaden angerichtet, wovon ihr den Urheber nicht wißt, so hütet euch wohl, euer Kind deshalb anzuklagen und zu ihm zu sagen: Hast du es getan? Nichts ist unbedachtsamer als eine solche Frage, besonders wenn das Kind schuldig ist. Glaubt es, daß ihr wißt was es getan hat, so wird es denken, daß ihr ihm eine Falle legt, und das muß es unfehlbar gegen euch einnehmen. Glaubt es das nicht, so wird es denken: warum sollte ich meinen Fehler entdecken? Und dieß ist die erste Versuchung zur Lüge, welche aus eurer unklugen Frage entsteht.

Höflichkeit der Kinder

Man hüte sich, dem Kinde leere Höflichkeitsformeln beizubringen, die ihm allenfalls bloß dazu dienen, sich diejenigen, die es umgeben, unterwürfig zu machen und das, was es will, gleich zu erhalten. Bei der modischen Erziehung der Reichen pflegt man die Kinder insgemein auf eine höfliche Art gebieterisch zu machen, indem man ihnen Ausdrücke beibringt, deren sie sich bedienen sollen, damit niemand es wage ihnen zu widerstehen. Wer hat nicht bemerkt, daß die Redensart: *wenn es Ihnen beliebt,* in dem Munde der Kinder so viel sagen will, als: *es beliebt mir,* und der Ausdruck *ich bitte,* so viel bedeutet, als: *ich befehle.* Laßt uns weniger besorgt sein, daß unsere Kinder grob, als daß sie anmaßend werden. Es ist besser, daß ein Kind, wenn es bittet, sage: *tut das,* als daß es befehlend sage: *ich bitte.**).

---

*) Hier scheint freilich der Verfasser etwas zu strenge zu sein; er will aber nur der Gefahr vorbeugen, daß bei den Kindern der Reichen die höflichen Redensarten nicht zu Befehlen werden; welches um so mehr zu besorgen ist, da Fremde und Bediente solchen Kindern schon von selbst, um sich den Eltern angenehm zu machen, mehr einzuräumen pflegen, als billig geschehen sollte.

D.H.

Naive Reden der Kinder

Von dergleichen Reden muß man nie in Gegenwart des Kindes Aufhebens machen, auch nicht in Abwesenheit desselben, wenn es solches wieder erfahren könnte. Ein unbedachtsames Gelächter kann die Arbeit von einem halben Jahre verderben, ja auf das ganze Leben einen unersetzlichen Schaden anrichten. Vergesset nie, daß man, um Herr des Kindes zu sein, erst von sich selbst Herr sein müsse.

Zorn in Gegenwart eines Kindes

Sollte es euch in einem Anfall von Hitze begegnen, daß ihr in Gegenwart des Kindes die immer so nötige Mäßigung und Gleichmütigkeit verloret, so sucht ihm euern Fehler nicht zu verbergen, sondern sagt ihm geradezu mit einem zärtlichen Vorwurf: mein Kind, du hast mir Übles getan. Geriete jemand in seiner Gegenwart in Zorn, so lasset das Kind kommen. Über einen solchen Anblick verwundert, wird es euch unfehlbar befragen. Die Antwort ist leicht und fließt aus den Gegenständen selbst, die ihm in die Sinne fallen. Es sieht ein glühendes Gesicht, funkelnde Augen, drohende Gebärden; es hört schreien: alles Zeichen, daß der Körper nicht in seinem natürlichen Zustande ist. Sagt ihm mit gesetzter Stimme, ohne Affectation und Geheimnis: der arme Mensch ist krank, er hat einen Anfall von Fieber. Ich stelle mir ein so erzogenes Kind vor, welches von einem Gezänk zweier Nachbarinnen Zeuge ist; es nähert sich der wütendsten und sagt in einem mitleidigen Tone: Frau, Sie sind krank, es dauert mich. Sicherlich wird eine solche Anrede für die Zuschauer nicht ohne Wirkung bleiben, und vielleicht auch nicht für die sich zankenden Weiber. Dann bringt man es ohne zu lachen, zu schelten, oder es zu loben, freiwillig oder mit Gewalt fort, ehe es diese Wirkung wahrnehmen kann, oder wenigstens ehe es darauf achtet; man eilt, es durch andre Gegenstände zu zerstreuen, damit es den Vorfall bald vergißt.

Es ist nicht meine Sache, mich in eine umständliche Zergliederung einzulassen, sondern nur die allgemeinen Maximen aufzustellen und für schwierige Fälle Beispiele anzuführen.

Kinder, welche jemanden schlagen

Man muß nie zugeben, daß Kinder erwachsene Personen nekken. Sollte es jemanden im Ernste schlagen, es könnte der Fall sein (nur nicht bei schon gut gearteten Kindern), daß das Kind andere schlüge mit dem sichtbaren Vorsatz, ihnen wehe zu tun. Dann müßte man sogleich Widervergeltung an ihm ausüben, aber sich wohl in acht nehmen, die mindeste Hitze oder Leidenschaft blicken zu lassen.

Sollte das Kind dieser Wiedervergeltung wegen toben oder schreien, so müßte man die größte Gleichgültigkeit dagegen bezeigen, so laßt ihm die Schläge mit Zinsen wiedergeben, und auf eine solche Art, daß es die Lust verliert, es wieder zu tun. Hütet euch, das Kind zur Widerspenstigkeit und zum Mutwillen aufzumuntern, es zum Schlagen anzureizen, euch selbst von dem Kinde schlagen zu lassen und über seine schwachen Streiche zu lachen. Bedenke, daß dies nach der Absicht des wütenden Kleinen eben so viel Wunden sind, und daß derjenige, der in der Kindheit zum Schlagen geneigt ist, erwachsen ein Totschläger werden kann.

Die einzige Lehre der Moral, die sich für das Kind schickt und in jedem Alter von Wichtigkeit ist, besteht darin, keinem Menschen Böses zuzufügen.

Zusatz des Herausgebers: Hierher gehört auch der unsinnige Gebrauch vieler Kinderwärterinnen, wenn das Kind gefallen ist, oder sich sonst beschädigt hat, den Ort oder den Gegenstand, an dem es sich verletzt hat, zu schlagen oder von dem Kinde schlagen zu lassen. Es gibt keine sicherere Methode, es zur Rachgier und Bosheit zu erziehen. Noch unsinniger ist es, wenn das Kind ohne erhebliche Ursache schreit oder sich zornig gebärdet, andere zu schlagen, um es zu besänftigen.

So pflanzt man den Samen der schädlichen Leidenschaften in das Herz der Kleinen, die sie dann, wenn die Vernunft sich entwickelt, mit aller Anstrengung kaum unterdrücken, noch weniger ganz ausrotten können.

Tätigkeit der Kinder

Das Kind will alles anrühren und betasten. Dieser Neigung darf man sich nicht widersetzen; sie verschafft ihm anschauliche Kenntnisse und Begriffe. Auf die Art lernt es von Wärme und Kälte, Härte, Weichheit, Schwere und Leichtigkeit der Körper, von ihrer Größe und Gestalt urteilen, besonders wenn es die Eindrücke des Gesichts und des Gefühls miteinander vergleicht. Kinder wollen alles, was sie sehen, in Unordnung bringen; sie zerbrechen und zerschlagen, was sie erreichen können. Ein Kind faßt einen Vogel an, als wenn es ein Stein wäre, und erwürgt ihn, aber nicht aus böser Absicht.

Es will nur etwas zu tun haben, und es ist ihm genug, wenn es den Zustand der Dinge ändert. Freilich scheint es, als wenn es mehr Neigung, zum Zerstören hätte; allein das kommt bloß daher, weil mehr Zeit erfordert wird, etwas hervorzubringen als es zu zerstören, welches seiner Lebhaftigkeit angemessener ist. Wenn der Urheber der Natur den Kindern diesen Trieb zur Tätigkeit einflößte, so gab er ihnen von der anderen auch wenig Kräfte sich ihm zu überlassen. Sobald sie aber die Personen, die um sie sind, nach ihrem Belieben in Tätigkeit setzen können, so bedienen sie sich derselben, ihre Neigungen zu befriedigen und den Mangel an Kräften zu ersetzen. Auf die Art werden sie lästig, herrschsüchtig, boshaft und unbiegsam.

Weit entfernt, daß die Kinder überflüssige Kräfte haben sollten, besitzen sie deren nicht einmal so viel, als zu Befriedigung der Naturbedürfnisse erfordert wird.

Man lasse ihnen also erstlich den freien Gebrauch aller ihrer natürlichen Kräfte, so fern sie dieselben nicht mißbrauchen können.

Zweitens helfe man ihnen und suche das, was in Beziehung auf körperliche Bedürfnisse an Einsicht oder Kraft ihnen abgeht, zu ersetzen.

Doch muß man drittens in dem Beistande, den man ihnen leistet, sich bloß auf das wirklich Nötige einschränken, und ihrer Einbildung oder ungegründeten Wünschen nichts einräumen. Die Einbildung wird sie nicht quälen, wenn man sie nicht selbst veranlaßt hat, denn die Bedürfnisse der Einbildung sind nicht in der Natur gegründet.

Viertens muß man die Sprache und Zeichen der Kinder genau studieren, damit man in dem Alter, wo sie sich noch nicht verstellen, gehörig unterscheiden könne: ob ihre Wünsche in der Natur, oder bloß in der Vorstellung gegründet sind?

Die Absicht dieser Regeln geht dahin, den Kindern mehr wahre Freiheit und desto weniger Herrschaft einzuräumen, sie anzuhalten, daß sie mehr selbst tun und weniger von anderen verlangen. Wenn sie sich dergestalt frühzeitig gewöhnen, ihre Wünsche nach den Grenzen ihrer Kräfte einzuschränken, so werden sie die Entbehrung dessen, was sie nicht haben können, umso weniger empfinden.

Dies ist ein neuer und sehr wichtiger Grund, den Körper und die Gliedmaßen eines Kindes ganz frei zu lassen, mit der einzigen Vorsicht, daß man die Gefahr zu fallen, und von ihren Händen alles entferne, womit sie sich beschädigen könnten.

Man kann in der Strenge sowohl als in der Nachsicht zu weit gehen. Beides muß man vermeiden. Laßt ihr die Kinder leiden, so bringt ihr ihre Gesundheit und ihr Leben in Gefahr und macht sie für jetzt unglücklich. Bewahret ihr sie mit zu großer Sorgfalt vor allen Ungemächlichkeiten, so bereitet ihr ihnen großes Elend und macht sie zärtlich und empfindlich. Aus Besorgnis, sie einigen natürlichen Übeln auszusetzen, zieht ihr ihnen diejenigen zu, welche die Natur nicht veranlaßte.

Gefällt es zum Beispiel den Kindern, im Schnee zu spielen, so hindert sie nicht. Wenn sie auch so frieren, daß sie kaum die Finger bewegen können, so zwinget sie nicht sich zu wärmen, denn sie würden zehnmal mehr die Strenge des Zwanges fühlen als die Strenge der Kälte, die sie gern ertragen. Man tut ihnen für jetzt wohl, wenn man ihnen die Freiheit läßt, und auch für die Zukunft ist es ihnen nützlich, weil sie gegen die Übel bewaffnet werden, die sie dereinst ertragen müssen.

Man gestatte den Kindern die Freiheit, ihren Frohsinn auszulassen; sie mögen springen, hüpfen und klettern lernen. Sie mögen ihr Kraftgefühl ausüben, wie es ihnen gefällt. Freilich kann das Kind alsdann manchen Schaden anrichten, sich verletzen und herumstehende Möbel zerbrechen. Es tat aber nichts Böses, denn eine Handlung wird nur durch die Absicht, schaden zu wollen, böse; ein wohlerzogenes Kind aber kann eine solche Absicht nicht haben. Entfernet von ihm alles, was sein Toben und Lärmen teuer machen könnte, und laßt nichts Zerbrechliches und Kostbares in seiner Nähe. Wenn nun, dieser Vorsicht ungeachtet, das Kind irgendeine Unordnung anrichten oder etwas Nützliches zerbrechen sollte, so bestraft es deshalb nicht, scheltet es auch nicht, macht ihm keine Vorwürfe, sondern tut, als ob die Sache von selbst entzweigegangen wäre. Ihr habt schon viel getan, wenn ihr gar nichts sagt. Es wird seine Strafe schon in eurem Stillschweigen finden.

Zerbricht es Geräte, deren es sich selbst bedient, so eilet nicht, ihm andere an deren Stelle zu geben. Laßt es den Nachteil der Entbehrung empfinden. Zerschlägt es ein Fenster in seinem Zimmer, so lasset Tag und Nacht den Wind hereinwehen, ohne euch daran zu kehren, wenn es den Schnupfen bekommt; es ist besser, daß es den Schnupfen bekomme, als daß es unklug bleibe. Beklagt euch nicht über die Ungemächlichkeiten, die es euch verursacht, laßt es sie aber zuerst empfinden. Endlich läßt man das Fenster wieder machen, aber ohne etwas zu sagen. Zerbricht es dasselbe noch einmal, dann muß man eine andere Methode wählen. Man sage ihm bloß, jedoch ohne Hitze: *Die Fenster sind mein, ich will sie mir nicht zerbrechen lassen.* Dann kann man es in einen finsteren Ort, wo keine Fenster sind, einsperren. Bei diesem neuen Verfahren wird es anfangen zu schreien, und zu toben, aber niemand muß darauf achten. Bald wird es dessen müde, verändert den Ton, klagt und seufzt. Ein anderer als der Vater oder die Mutter kommt dann; der Mutwillige bittet, ihn herauszulassen. Ohne eine andere Ausrede zu suchen, darf man bloß antworten: *ich will mir mein Fenster auch nicht einschlagen lassen,* und davongehen. Wenn nun das Kind ein paar Stunden oder lange genug in der Kammer zugebracht hat, um das Lästige davon zu empfinden und daran zu denken, so kommt wieder einer und rät ihm, euch einen Vergleich vorschlagen zu lassen, in Folge dessen ihr ihm die Freiheit wieder geben wollt, wenn es künftig kein Fenster mehr zerbricht. Es wird ihn gern annehmen und euch bitten lassen, zu ihm zu kommen. Ihr geht hin, es macht euch den Antrag, und ihr nehmt ihn sogleich an, mit den Worten: *das ist wohl gedacht, wir werden beide dabei gewinnen, warum bist du nicht eher auf den guten Gedanken gekommen?*

Ohne dann weitere Beteuerungen oder Versicherungen seines Versprechens von ihm zu verlangen, umarmt ihr es mit Freuden und führt es sogleich in sein Zimmer, indem ihr diesen Vergleich als heilig und unverletzlich betrachtet. Welchen Begriff muß das Kind nicht aus einem solchen Verfahren von der Treue der eingegangenen Verbindlichkeiten und ihrem Nutzen schöpfen! Ich müßte mich sehr irren, wenn es ein Kind geben sollte, das, wenn es nicht schon verdorben wäre, nach einem solchen Verfahren sich noch einfallen lassen könnte, ein Fenster mit Vorsatz zu zerschlagen. Ich habe mit Fleiß dieses Beispiel so umständlich auseinandergesetzt, weil dasselbe bei ähnlichen Umständen zur Regel des Verhaltens dienen kann.

Man halte das Kind immer bloß in der Abhängigkeit der Sachen, und so wird man im Fortgange der Erziehung genau der Ordnung der Natur folgen. Die Strafen müssen aus der Handlung selbst entstehen, dann wird es daran denken. Ohne ihm zu verbieten Übles zu tun, ist es genug, dasselbe zu verhindern. Man bewillige seinen Wünschen nichts, weil es solches verlangt, sondern weil es dessen bedarf. Man muß ein Kind nicht zwingen zu bleiben, wenn es gehen will, noch zu gehen, wenn es bleiben will. Ist der Wille der Kinder noch nicht verdorben, so wollen sie nichts ohne Ursache. Sie müssen springen, laufen und lärmen, wenn sie Lust haben. Alle ihre Bewegungen sind Bedürfnisse ihres Körpers, um ihn zu stärken. Aber man muß mißtrauisch sein, wenn sie etwas verlangen, das sie selbst nicht können und was andere für sie tun sollen. Dann muß man sorgfältig das wahre und natürliche Bedürfnis der Einbildung, die sich nur nach und nach erzeugt, unterscheiden.

Wenn man die Kindheit an sich selbst betrachtet, ist wohl in der Welt ein schwächeres mühseligeres Wesen, das von allem, was es umgibt, mehr abhängig wäre, mehr Mitleiden, Pflege und Schutz nötig hätte, als ein Kind? Scheint es nicht, als wenn es nur darum eine so einnehmende Gestalt, ein so rührendes Ansehen hätte, damit alles, was sich ihm nähert, sich für seine Schwachheit interessieren und zu seiner Unterstützung eilen möchte?

Wer sieht nicht, daß die Schwäche des zartesten Alters die Kinder schon auf so vielfache Art beschränkt, daß es grausam sein würde, diese Beschränkung noch durch unseren Eigensinn zu vermehren und ihnen die wenige Freiheit zu nehmen, von der sie so wenig Mißbrauch machen können und deren Beraubung für sie so wenig als für uns selbst von Nutzen sein kann. Man lasse also den Kindern den Gebrauch ihrer natürlichen Freiheit. Es kommt nur darauf an, dieselbe gehörig zu leiten. Man kann das Kind bloß durch das Band der Notwendigkeit fesseln, antreiben und zurückhalten, ohne daß es darüber murrt; durch die bloße Gewalt der Dinge kann man es biegsam und gelehrig machen. Der beständige Zwang, in welchem man die Kinder hält, reizt ihre Lebhaftigkeit. Je mehr sie unter den Augen der Eltern eingeschränkt werden, desto wilder werden sie sein, sobald sie dieser Aufsicht entgehen.

Gesellschaft

Andere Kinder zur Gesellschaft seiner Kinder zuzulassen, ist ein Punkt von großer, von größter Wichtigkeit. Wenn Kinder das Beispiel, die Worte und Handlungsweise Erwachsener nicht unnachgeahmt lassen, so kann man behaupten, daß das Beispiel ihrer Gespielen sie unaufhaltsam fortreißt, es ihnen gleichzutun. Der Eindruck von einer Stunde Gesellschaft bösartiger Kinder läßt sich kaum in etlichen Wochen bei euren Kindern wieder auslöschen, und öfters oder immer dergleichen verzogene Geschöpfe zuzulassen, heißt seine Kinder ohne Rettung zu Grunde richten. Alle Lehren, jeder gute Vorgang der Eltern ist dagegen wie ein Tropfen Wasser auf eine lodernde Flamme.

Dagegen wüßte ich keine größere Erleichterung einer guten Erziehung, als gutartige Kinder von ziemlich ähnlichem Alter zu Gespielen seiner Kinder zu wählen. Dann ist es Kleinigkeit, sie zu allem Guten abzurichten, oder vielmehr, sie werden von selbst gut. Man braucht bloß mit leichter Hand nachzuhelfen. Lebendige Beispiele verhalten sich zu kalten Lehren, wie die belebende Sonne zum Scheine einer Lampe.

Kleidung

Im Ganzen hüllt man die Kinder zu sehr in Kleider ein, besonders im frühesten Alter. Man sollte sie mehr gegen Kälte als gegen Hitze abhärten. Heftige Kälte wird ihnen nie beschwerlich fallen, wenn man sie derselben frühzeitig aussetzt. Da aber ihre noch sehr zarte Haut leicht ausdünstet, so werden sie durch allzuviel Wärme unvermeidlich geschwächt. Auch bemerkt man, daß im August mehr Kinder sterben als in anderen Monaten.

Es ist nötig, daß die Knochen des Kopfes härter und minder zerbrechlich werden, um nicht nur das Gehirn gegen Verletzungen zu bewahren, sondern auch gegen Schnupfen, Flüsse und andere Eindrücke der Luft. Darum gewöhne man die Kinder, Sommer und Winter, Tag und Nacht mit bloßem Kopfe zu gehen. Will man ihnen jedoch um der Reinlichkeit willen, oder um die Haare in Ordnung zu halten, des Nachts eine Hauptbedeckung geben, so wähle man dazu eine dünne Mütze, von feiner Leinwand. Die Kinder mögen des Morgens im Zimmer oder im Garten mit bloßen Füßen herumlaufen; anstatt sie zu schelten, tue man es gleichfalls. Nur muß man Sorge tragen, daß kein Glas auf dem Boden liege.

Für Gliedmaßen eines Körpers, der im Wachstum begriffen ist, müssen die Kleidungsstücke weit sein; nichts muß ihre Bewegungen, ihren Wachstum hindern. Nichts muß zu eng sein, zu knapp an dem Körper anliegen, keine Bänder. Die enge französische Kleidung ist ungesund für Männer, und noch mehr für Kinder. Die in ihrem Umlauf gehemmten Säfte verderben und verursachen Krankheiten. Die Husarenkleidung taugt auch nicht, weil sie die Kinder am ganzen Leibe zusammenpreßt. Das beste ist, die Kinder so lange als möglich im langen Rock gehen zu lassen, dann ihnen weite Kleidungsstücke zu geben und nichts darin zu suchen, daß ihre Taille in die Augen falle, welches nur dazu dient, sie zu verunstalten. Die lobenswerte Art, Kinder in Kappen oder Kleider, die aus einem Stücke bis an die Knie bestehen, ohne Unterschied des Geschlechts zu kleiden, unterhält die Geselligkeit, erlaubt freie Körperbewegung und sie finden nichts Befremdliches in diesem aufgehobenen, für ihr Alter unnötigen Unterschiede. Beinkleider, vorzüglich enge Beinkleider sind für zarte Knaben ein unnützes, unbequemes und in vielen Fällen schädliches Kleidungsstück. Es erhitzt die Teile, die nicht ohne Gefahr der Schamhaftigkeit erhitzt werden dürfen, und schwächt sie, indem, es die freie Luft abhält. Mit engen Schuhen seinen Kindern Hühneraugen (Leichdornen) zuzuziehn, möchte ich auch nicht raten. Ein räumlicher Schuh, von dem der überflüssige innere Raum mit Pferdehaaren ausgefüllt ist, schickt sich für Kinderfüße am besten. Es gibt muntere und finstere Farben; die ersteren sind mehr nach dem Geschmack der Kinder, sie stehen ihnen besser, und ich sehe nicht ein, warum man in diesem Stücke nicht der natürlichen Schicklichkeit folgen sollte.

Schlaf und zu Bette gehn

Kinder bedürfen viel Schlaf, weil sie sich starke Bewegung machen. Die Zeit zum Schlafen ist die Nacht, die Natur selbst hat sie dazu bestimmt. Um gesund zu sein, muß man mit der Sonne sich niederlegen und aufstehen. Die Menschen und alle Tiere haben im allgemeinen während des Winters mehr Schlaf nötig als im Sommer. Man muß dies aber den Kindern nicht in dem Grade zur Gewohnheit machen, daß es ihnen unentbehrlich würde. Zwar ist es nötig, sich an gewisse Regeln zu halten; die erste Regel aber ist, dieselben ohne Gefahr übertreten zu können, wenn es die Notwendigkeit erfordert. Man mache also das Kind nicht unbedachtsamer Weise weichlich, indem man es stets ruhig fortschlafen läßt, ohne es jemals im Schlaf zu unterbrechen. Überlaßt es ohne Zwang dem Gesetz der Natur: aber vergeßt auch nicht, daß es, bei unserer jetzigen Verfassung, an dieses Gesetz nicht schlechterdings gebunden sein, daß es imstande sein muß, spät zu Bette zu gehn, früh aufzustehn, plötzlich aufgeweckt zu werden und die ganze Nacht aufzubleiben, ohne daß es ihm beschwerlich fällt. Fürchtet nicht, seiner Gesundheit zu schaden. Wenn man bei Zeiten anfängt, immer allmählich und stufenweise fortschreitet, so gewöhnt man die Konstitution an eben die Umstände, die sie zu Grunde richten, wenn man erst erwachsen denselben ausgesetzt wird. Halbjährige und jüngere Kinder bedürfen auch am Tage Schlaf.

Es ist gut, sich vom Anfang an zu gewöhnen, schlecht zu liegen; dann wird man kein Bett mehr schlecht finden. Überhaupt vervielfältigt eine harte Lebensart, wenn man sich einmal daran gewöhnt hat, die Vergnügungen; dahingegen eine weichliche Lebensart uns eine Menge Ungemächlichkeiten zuzieht. Menschen, die zu zärtlich erzogen sind, finden den Schlaf nicht mehr, außer auf Pflaumfedern, Leute, die sich gewöhnen, auf dem bloßen Boden zu schlafen, finden ihn allenthalben. Für den, der sogleich, wie er sich hinlegt, einschläft, gibt es kein hartes Bett. Ein weiches Bett, wo man in den Federn versinkt, löst den Körper gleichsam auf und macht ihn weichlich. Die zu sehr eingehüllten Nieren erhitzen sich. Daraus entsteht oft der Stein und andre üble Zufälle, zuverlässig aber eine schwächliche Complexion. Das beste Bett ist das, welches den besten Schlaf verschafft; man muß graben und pflügen, wenn man gut schlafen will.

Ich weiß aus Erfahrung, daß, wenn ein Kind gesund ist, man es fast nach Belieben einschläfern oder wach erhalten kann. Wenn ein Kind sich niedergelegt hat, sein Geplauder aber lästig wird, und man dann sagt: schlaf, so ist das ebensoviel, als wenn man zu ihm sagte: sei gesund, wenn es krank ist. Das beste Mittel es in Schlaf zu bringen ist, ihm selbst Langeweile zu machen. Man rede so viel, daß es genötigt ist zu schweigen, es wird bald einschlafen; oder, besser, man lasse es reden, bis es müde wird.

Trägheit

Wenn das Kind zu viel schläft, so mache man ihm beim Erwachen ein Vergnügen, nach seinem Geschmack. Man entwerfe eine Lustpartie für den andern Morgen zur bestimmten Stunde. Fragt es: ob es daran teilnehmen will? Gewiß wird es dies wollen und euch bitten, es aufzuwecken. Ihr könnt es nach Beschaffenheit der Umstände versprechen, oder auch nicht. Wacht es zu spät auf, so findet es euch schon fort. Es wäre ein Unglück, wenn es nicht bald lernen sollte von selbst zu erwachen. Sollte übrigens ein Kind einen wahren Hang zur Faulheit haben, welches doch ein seltener Fall ist, so darf es sich demselben nicht überlassen, weil es sonst zu sehr überhand nehmen würde. Man muß es aber auch nicht mit Gewalt zur Tätigkeit zwingen, sondern es durch eine ihm schmeichelhafte und angenehme Sache ermuntern. Es ist nichts in der Welt, wozu man, mit Anwendung einiger Klugheit, den Kindern nicht Neigung einflößen könnte. In allen Spielen, so lange sie überzeugt sind, daß es nur Spiel ist, leiden sie, ohne sich zu beklagen; ja selbst lachend, was sie sonst nie, ohne heiße Tränen zu vergießen, ertragen würden. Man fürchte sich also nicht, den Leib der Kinder zu üben und abzuhärten.

Auf der andern Seite aber verhütet man viel Laster, die aus langer Weile entstehen, wenn man die Kinder nur schlafen gehen läßt, wenn sie müde sind und aufstehen läßt, so bald sie erwachen, oder man sie geweckt hat. Durch freie Luft und Bewegung kann man sie nach Willkür zum Schlafen müde machen.

Schwimmen

Die Reichen pflegen fast immer den kostbarsten Unterricht dem gemeinsten, nützlichsten vorzuziehen. Alle lernen sie reiten, weil dieser Unterricht kostbar ist; fast keiner von ihnen aber lernt schwimmen, weil es nichts kostet und weil ein gemeiner Handwerksmann eben so gut schwimmen kann als irgendeiner. Inzwischen steigt ein Reisender zu Pferde, ohne es gelernt zu haben, reitet und bedient sich desselben wie er es braucht. Allein im Wasser ertrinkt man, wenn man nicht schwimmen kann, und kann nicht schwimmen ohne es gelernt zu haben. Außerdem kommt man wegen Lebensgefahr nie in den Fall, reiten zu müssen, da hingegen niemand sicher ist, Wassersgefahr vermeiden zu können, da man derselben öfters ausgesetzt ist. Man fürchtet, das Kind möchte ertrinken, wenn es schwimmen lernt; es mag nun aber beim Lernen selbst, oder weil es nicht schwimmen gelernt hat, ertrinken, so ist es immer die Schuld der Eltern. Gewöhnlich ist es bloße Eitelkeit, die uns verwegen macht; wenn man von niemand beobachtet wird, ist man nicht verwegen. Man muß sich aber an die Gefahr gewöhnen, damit man bei Annäherung derselben nicht die Besinnung verliere. Die Väter müssen darauf bedacht sein, das Wagnis nach den Kräften der Kinder abzumessen, und es jederzeit mit ihnen teilen. Sie werden keine Unvorsichtigkeiten begehen, wenn sie die Sorgfalt für die Erhaltung der Kinder nach der Sorgfalt für ihre eigene Erhaltung einrichten. Überdies ist das Schwimmen der höchste Grad der Stärkungsübungen. Ein Schwimmer ist robust, und der es übt, wird es, wenn er's vorher nicht war.

Zusatz des Herausgebers: Obiger Absatz vom Schwimmen scheint in dieser Schrift nicht ganz an seiner Stelle zu sein; denn so nützlich das Schwimmen an sich ist, so wird man doch schwerlich dem Kinde schon mit oder vor dem sechsten Jahre dazu Anleitung geben. Eher hätte ich vermutet, daß der Verfasser von dem Eislaufen und andern nützlichen Leibesübungen reden würde. Jeder Mensch kommt bei Glatteis und in andern Fällen in die Notwendigkeit, auf dem Eise gehen zu müssen. Erwachsene Personen, welche diese Übungen erst anfangen wollen, geraten dabei leicht in Lebensgefahr; Kinder hingegen, wenn sie auch auf dem Eise fallen, können sich, weil sie noch leicht sind, nicht beträchtlichen Schaden tun. Da überdem das Schlittschuhlaufen auch für Erwachsene eine nützliche und wohltätige Leibesübung im Winter ist, so kann man Kindern frühzeitig zum Fortgleiten auf dem Eise, und in der Folge auch zum Schlittschuhlaufen, von Erwachsenen Anleitung geben lassen, damit sie die dabei zu beobachtenden Vorsichtsregeln in Acht nehmen lernen.

Man erlaube mir hier eine allgemeine Anmerkung in Absicht der Leibesübungen, die bei Erziehung der Kinder nicht zu sehr zu empfehlen sind, nicht nur weil dadurch ihr Körper, und mithin auch der Geist gestärkt und abgehärtet wird, sondern auch weil sie vielen Gefahren, denen sie in der Folge ausgesetzt werden, entgehen lernen. Kinder, und Knaben vorzüglich, mögen sich gern, besonders wenn sie unter sich sind, durch Kühnheit, gewagte Sprünge, Klettern und dergleichen auszeichnen. Bloße Warnungen vor Schaden, Lehren der Behutsamkeit und Verbote sind insgemein übel angebracht und fruchten nicht viel. Von Natur furchtsame Gemüter werden dadurch so kleinmütig, daß sie in der Folge kaum über eine etwas schmale Brücke zu gehen, oder über einen schmalen Graben zu schreiten wagen; bei Anderen ist das Verbot nur ein Antrieb zu halsbrechenden Übungen und Versuchen.

Das beste Mittel, die Letzteren von solchen gefährlichen Versuchen abzuhalten, die von Natur furchtsamen aber herzhaft zu machen ist: ihnen in allerlei Leibesübungen, als im Springen, Klettern, Lasten tragen, Heben, Laufen auf einem schmalen Balken und dergleichen, förmlich Unterricht geben zu lassen. Es ist an sich unmöglich, Kinder jeden Augenblick unter Aufsicht zu halten. Werden nun solche Übungen als wirkliche Lektionen getrieben, so werden die Knaben, wenn sie für sich allein sind, nicht leicht auf den Einfall geraten, sich dadurch auszeichnen zu wollen.

Über diesen wichtigen Teil der Erziehung sind neuerlich ein paar sehr interessante Werke von Herrn Gutsmuth in Schnepfenthal und Herrn Vieth in Dessau erschienen, welche hierbei zu Rate gezogen werden können. Das Tanzen ist zwar eine nützliche Übung: aber nicht zu gedenken, daß die Anfangsgründe darin, zumal da sie in verschlossenen Zimmern gelehrt werden, für die Kleinen zu einförmig und langweilig sind; so zwecken sie mehr zur guten Haltung und Stellung, als zur Stärkung des Körpers ab. Es wäre daher sehr zu wünschen, daß in jeder Stadt wenigstens ein öffentlicher Übungsplatz für die Kleinen angelegt würde, wo sie unter Aufsicht eines besondern Exerzitienmeisters, nach dem Muster und den Regeln der Herrren Vieth und Gutsmuth, Anweisung in allerlei Leibesübungen erhielten. Vielleicht brächte man dadurch auch nach und nach einen andern Ton in die gesellschaftlichen Vergnügungen und Unterhaltungen der höheren Volksklassen, um den Geschmack an gymnastischen Spielen und Übungen, welche unter den Griechen und Römern so viel zu Bildung ihres kraftvolleren Charakters beitrugen, wieder in Aufnahme zu bringen.

Übung der Sinne und Furcht zur Nachtzeit

Das Kind ist nicht so groß wie der Mann; es besitzt weder Stärke noch Vernunft, sieht und hört aber so gut, oder fast eben so gut wie er. Die ersten Fähigkeiten, die sich in uns entwickeln und vervollkommnen, sind die Sinne; sie also sollte man zuerst bilden. Es sind aber auch die einzigen, die man vergißt oder am meisten verabsäumet.

Die Sinne üben heißt nicht bloß: von ihnen Gebrauch machen, sondern richtig durch sie urteilen lernen, das heißt gleichsam empfinden lernen; denn wir können nur in so weit fühlen, sehen und hören, als wir es gelernt haben.

Es gibt natürliche und mechanische Leibesübungen, die bloß dazu dienen, den Körper stark zu machen, ohne daß die Urteilskraft dabei ins Spiel kommt. Es ist ganz gut, Schwimmen, Laufen, Springen, den Kreisel treiben und Steine schleudern zu können. Aber haben wir denn bloß Arme und Beine? Haben wir nicht auch Augen und Ohren? Man übe also nicht bloß die Leibeskräfte, sondern auch die Sinne, die sie dirigiren. Man leite das Kind so, daß es nie gefährliche oder unzureichende Anstrengungen mache.

Wir können nicht immer von allen Sinnen Gebrauch machen, wie wir wollen. Das Gefühl ist über den ganzen Körper verbreitet, damit es uns vor dem, was ihm nachteilig ist, warne. Es ist auch derjenige Sinn, der durch Erfahrung beständig in Übung gesetzt wird, wir mögen wollen oder nicht, und der daher auch keiner besondern Kultur bedarf. Gleichwohl bemerken wir, daß Blinde ein weit sicheres und feineres Gefühl haben; denn da ihnen das Gesicht abgeht, so sind sie genötigt, von dem, was wir mit dem Gesicht beurteilen, bloß nach dem Gefühl zu urteilen. Warum lehrt man uns nicht, wie sie auch im Finstern gehen, von den uns umgebenden Gegenständen urteilen, und mit einem Wort in der Nacht und ohne Licht eben das verrichten, was sie ohne Augen vorzunehmen im Stande sind? Solange die Sonne scheint, haben wir einen

Vorzug vor ihnen, dagegen sind sie wiederum im Finstern unsre Führer. Wir sind das halbe Leben über blind, nur mit dem Unterschiede, daß die wirklich Blinden immer um sich wissen, wir hingegen in der Dunkelheit der Nacht keinen Schritt tun können. Man hat ja Leuchten, wird man sagen. Wie, also soll man immer Werkzeuge brauchen? Wer steht euch dafür, daß ihr sie im Notfalle immer bei der Hand haben werdet? Ich meines Teils sähe lieber, daß meine Kinder die Augen an den Fingerspitzen hätten, anstatt sie erst aus dem Laden des Lichtziehers zu holen.

Ist man mitten in der Nacht in ein Gebäude eingeschlossen, so klatsche man mit den Händen, um aus dem Wiederhall zu schließen, ob der Ort geräumig ist oder nicht, ob man sich in der Mitte oder in einer Ecke befindet. Einen halben Fuß von der Mauer macht die Luft einen andern Eindruck auf das Gesicht. Man bleibe stille stehn, und kehre sich nach und nach nach allen Seiten zu; wenn dann eine Türe wo offen ist, so wird man es aus einem geringen Luftzug wahrnehmen. Befindet man sich in einem Schiffe, so kann man aus der Art, wie die Luft das Gesicht anweht, beurteilen, nicht nur, nach welcher Gegend das Schiff geht, sondern auch wie schnell oder langsam es vom Strom fortgeführt wird. Diese und viele andre Beobachtungen können nicht wohl anders als zur Nachtzeit angestellt werden; bei Tage würden sie uns entwischen.

Natürlicherweise macht die Nacht die Menschen und zuweilen auch die Tiere*) bloß bedenklich, behutsam. Wahre Furchtsamkeit im Dunkeln ist bloß die Furcht fürchterlicher ehedem gehörter Erzählungen, oder der Erfolg von Neckereien der Kinder, und wenn sie auch so klein wären, daß sie sich, erwachsen, dieser Neckereien, dieser fürchterlichen Märchen

---

*Nur Tiere, die auch am Tage scheu sind (eine eigne Krankheit), sind in der Nacht furchtsam, und scheu. Pferde, die nie am Tage scheu werden, sind ohne Furcht in der dickesten Finsternis; warum sollten sie auch nicht, da sie weit besser im Finstern sehen können als wir?

nicht mehr deutlich bewußt wären. Vernunft, Verstand, Herzhaftigkeit können selten von dieser Furcht befreien. Ich habe Philosophen, starke Geister, tapfere Krieger gesehen, die des Nachts bei dem Geräusch eines Blattes wie Kinder zitterten. Woher kommt das? Weil wir nicht wissen, wo wir sind, und was um und neben uns ist, so werden wir bedenklich, und da gewisse dunkle, ehemals beigebrachte Ideen unwillkürlich erwachen, so werden wir furchtsam. Jeder, der des Nachts gereist ist, wird es erfahren haben, daß man einen nahen Strauch für einen großen, aber entfernten Baum, und umgekehrt einen entfernten Baum für einen nahen Strauch hält. Eine Fliege, die in der Entfernung von einigen Zollen vor den Augen schnell vorüberfliegt, dünkt uns ein Vogel in großer Entfernung. Hierauf gründen sich die Erscheinungen von Gespenstern, die manche Leute gesehn haben wollen. Die Übung in der Nacht zu gehen, muß uns daher den betrüglichen Schein von der Wirklichkeit unterscheiden lehren. Ist man einmal, auch nur im mindesten, mit Nachtfurcht und andern Träumereien angesteckt, so erschrickt man beim mindesten Geräusch; hört man gar nichts, so ist man deshalb nicht ruhiger.

Will man jemanden von dem Grauen der Finsternis heilen, so raisonniere man nicht mit ihm darüber, sondern führe ihn oft ins Finstere. Das wird mehr fruchten als alle Belehrungen. Die Dachdecker werden nicht schwindelig, und wer an die Finsternis gewöhnt ist, fürchtet sich nicht mehr in derselben. Die Blinden fürchten sich auch nicht. Sobald die Kinder sprechen und Erzählungen verstehen können, dürfen sie nie mit Gesinde und Dienstboten allein sein. Diese können nicht umhin, wenigstens die furchtbaren Erzählungen, womit man sie ehedem in ihrer Jugend zu fürchten machte, mit einer Energie den kleinen Kindern wieder zu erzählen, die den größten und bleibendsten Eindruck auf diese nach neuen Bildern der Phantasie so begierigen kleinen, schwachen Geschöpfe machen; Eindrücke, von denen sie, schon erwachsen, sich nicht völlig losreißen können. Der Schreiber dieses hat täglich eine Familie von sieben Kindern unter seinen Augen, die nie in die Hände einer Magd oder Wärterin gekommen sind. Die kleinsten, wie die größten wissen so wenig von Nachtfurcht und von allen übrigen Schreckbildern des Gehirnes schlecht erzogener Leute, daß man sie sämtlich und einzeln in entlegene finstere Zimmer schicken kann, dies und jenes zu holen, zu suchen. Keinem fällt ein, sich was Fürchterliches dabei zu denken, weil niemand je ihnen dergleichen weiß machte. Die Älteren und Geübteren schickt man in den Keller ohne Licht und ebenso auf den Hausboden. Da man ihnen ernsthaft Aufträge daselbst gibt, von denen sie einsehen, daß sie uns oder ihnen nützlich sind, so beweisen sie den größten Eifer darin; denn der Trieb nützlich sein zu können, scheint den Kindern angeboren. Bei solchen Aufträgen setzen die Eltern nichts weiter hinzu als: nehmt euch in acht, an dieser oder jener (genannten) Stelle euch nicht zu stoßen; probiert jede Stufe beim Auftreten, ob sie nicht schlüpfrig ist, und macht euch nicht die Schande euch gestoßen zu haben oder gefallen zu sein. Die ältesten von diesen Kindern, ein zehn- und ein zwölfjähriges, sind nun schon so weit, daß man ihnen die alten Weibermährchen von Popanz, heiligen Christ, Knechtruprecht, Hexenfahrten, Gespenstern mit dem Erfolg erzählen kann, daß sie sich halbkrank über diese Torheiten der gering erzogenen Leute lachen. Diese Erzählungen geschehen aber freilich pragmatisch mit beigefügter Erklärung, wie alle diese Täuschungen zugegangen sind, welchen natürlichen Grund sie hatten. Die kleineren sind noch zu schwach, dergleichen an seinen Ort legen zu können.

Richtet ja einer oder der andre seinen Auftrag im Finstern nicht aus, so macht man ihnen begreiflich, daß dies nicht an der Finsternis liege, sondern daran, daß sie ihre Sachen nicht in der genauesten Ordnung hingelegt hatten, um es auch ohne Licht finden zu können. Die Mutter fragt das Kind, was sie selbst aus ihrem Schranke im Finstern holen solle, das Kind bestimmt es, die Mutter holt's, und das Kind ist so betroffen, daß es ein andermal schwerlich unverrichteter Sache wiederkommt. Die Finsternis ist doch nie ohne einigen Schimmer; schade nur, daß eure Augen noch nicht geübt sind, bei dem geringen Lichte zu sehen; sehet das können die behenden Mäuse, sie sehen mitten in der Nacht alles so genau, daß sie sich nie stoßen, nie einen vergeblichen Sprung im Finstern tun, ohne die Entfernung vorher genau bemerkt zu haben — Der langwierig Gefangene sieht in dem dunkelsten Kerker mit der Zeit die kleinsten feinsten Gegenstände, ohne Licht. Übt euch! und was ihr dann nicht genau durchs Gesicht unterscheidet, da nehmt eure gelehrigen Fingerspitzen, und die Fußspitzen zu Hilfe. Faßt am Tage mit genauem Augenmaße die Lage der Dinge, die Entfernungen, und die gefahrvollen Stellen in euer Gedächtnis, und es wird euch führen mitten in der dicksten Finsternis.

Da ist von keinem Popanz, von keiner Gespensterfurcht die Rede; man braucht ihnen nichts auszureden, da ihnen nichts von dem allen eingebildet worden ist. Die Kleinen, selbst der Neunjährige, kennt noch die Namen dieser Hirngeburten nicht.

Haben sie im Finstern was Ungewöhnliches gehört oder gesehen, so wird das mit der größten Unachtsamkeit und Gleichgültigkeit von den Eltern angehört, ohne daß man ein Wort dazu sagte. Weiß der Vater oder Mutter die Erklärung gewiß, so führte er, vielleicht erst den andern Tag, dies und noch etliche Kinder dahin, am Tage oder mit Licht, und zeigt ihnen kaltblütig die Sache, ohne viel Worte zu machen. Er tut gar nicht, als wenn er glaubte, daß sich das Kind davor gefürchtet hätte, oder hätte fürchten können, wie sich denn auch wirklich keins von ihnen fürchtet, sondern bloß Erklärung des Phänomens verlangt, bloß neugierig ist. Sind aber einmal die Kinder von Nachtfurcht angesteckt, so werden Nachtspiele nicht ohne Nutzen sein. Sollen die Nachtspiele gegen die Furcht helfen, so darf die Lustigkeit dabei nicht fehlen. Man sperre das Kind nicht in einen Kerker ein. Es muß lachen, wenn es in den finstern Ort hineingeht, und lachen, wenn es wieder herauskommt. So lange es sich dort befindet, muß der Gedanke an die Vergnügungen, die es verläßt, und die es bei der Rückkehr wieder finden wird, es gegen die fantastischen Vorstellungen bewahren, die es daselbst überraschen könnten*).

Nichts ist geschickter, einen Menschen, der sich vor den Schatten der Nacht fürchtet, dreist zu machen, als wenn er in einem benachbarten Zimmer eine muntere Gesellschaft scherzen und ruhig schwatzen hört.

Man suche des Abends frühzeitig viele Kinder zu versammeln. Man schicke sie nicht gleich abgesondert an einen finsteren Ort, sondern mehrere auf einmal. Man wage keinen ganz allein fortzuschicken, es sei denn, daß man im voraus gewiß versichert sei, daß er sich nicht sehr fürchten werde. Ich denke mir nichts Lustigeres und Nützlicheres als dergleichen Spiele, wenn man sie nur mit einiger Klugheit anzustellen weiß. Diese Spiele können bis ins Unendliche abgewechselt werden. So würde ich z.B. in einem großen Zimmer eine Art von Labyrint von Tischen, Stühlen und dergleichen machen. In diesen labyrintischen Gängen würde ich acht oder zehn leere Schachteln setzen, eine andre ziemlich ähnliche aber, die mit Bonbons angefüllt wäre. Ich würde den Ort, wo die Letztere stünde, deutlich genug, aber mit wenigen Worten bezeichnen; dann die kleinen Konkurrenten mittels des Loses einen nach dem andern einzeln hinschicken, bis einer die gute Schachtel gefunden hätte; welches ich nach Maßgabe ihrer Geschicklichkeit mehr oder minder schwierig machen würde.

Die beste Methode, Lesen und Schreiben zu lernen

Man ist ängstlich besorgt, die beste Methode Lesen zu lernen ausfindig zu machen; man hat zu dem Ende Schreibtische und Karten erfunden, das Zimmer des Kindes in eine Buchdruckerei verwandelt, und ein Gelehrter hat sogar Würfel zu diesem Behuf vorgeschlagen. Ein besseres Mittel als alle diese, daß man aber immer vergißt, ist die Begierde zu lernen. Man flöße dem Kinde nur diese ein, und man wird weder Schreibtische noch Karten nötig haben. Man wähle die einfachste Methode. Das gegenwärtige Interesse ist die große Triebfeder, und die einzige, die zum Zweck führt. Das Kind muß vom Vater, von der Mutter, von seinen Verwandten und Freunden Einladungszettel zu einer Mahlzeit, einer Promenade, einer Lustpartie erhalten, oder um ein öffentliches Fest mit anzusehn. Diese Zettel müssen kurz, deutlich und schön geschrieben sein. Es muß jemand sein, der ihm diese Zettel vorliest. Aber dieser Jemand muß nicht immer, noch zur bestimmten Stunde vorhanden sein, oder auch nicht immer Zeit haben, den Zettel zu lesen. Die Gelegenheit, die bestimmte Zeit geht vorüber. Endlich liest man ihm das Billet, aber die Zeit ist verflossen. O! wenn man doch selbst lesen könnte! Es kommen andre Zettel; sie sind so kurz, und der Inhalt ist interessant! Man möchte sie gern selbst entziffern können; bald findet sich jemand, der dazu behilflich sein will, bald aber auch nicht. Man strengt sich an, und entziffert endlich die Hälfte eines Zettels. Es soll morgen in die Milch gegangen werden; aber man weiß nicht wohin, oder mit wem? Man läßt es sich sauer werden, das übrige heraus zu bekommen. Ich denke, auf die Art hat das Kind keinen Schreibschrank nötig. Wenn man nur nicht drängt und treibt, so erreicht man seinen Zweck eben so schnell als sicher.

Nun vom Schreiben. Das Kind wünscht etwas zu haben; dieses ist aber in dem Wohnort desselben nicht zu bekommen. Was ist zu tun? Es muß darum geschrieben werden. Aber wie soll man schreiben? Man muß es versuchen; die Billets, die man erhalten hat und lesen kann, liegen vor Augen. Sie werden nachgeahmt. Der erste Brief wird schlecht geschrieben und gelangt nicht an Ort und Stelle. Es erfolgt keine Antwort darauf. Der Wunsch wird nur desto stärker und man macht neue Anstrengungen, die abermals vergeblich sind. Zum drittenmal endlich gelingt es, oder es hat wenigstens den Schein, daß es gelungen sei. Der so sehnlich gewünschte Gegenstand kommt, und unfehlbar gewinnt man die Kunst lieb, mittels welcher man ihn sich verschafft hat.

Zusatz des Übersetzers: Obige Methoden scheinen zwar natürlich genug zu sein. Allein nicht zu gedenken, daß die Anwendung derselben besondre Umstände und Geschicklichkeit anfordert, so möchten sie auch nicht ganz zum Ziele führen. Kinder müssen einmal lernen, und es kommt nur darauf an, sich gehörig zu benehmen, damit man ihnen keinen Widerwillen dagegen einflöße. Kinder in den ersten Jahren sind keiner langen Anstrengung, keiner anhaltenden Aufmerksamkeit auf einen einförmigen Gegenstand fähig. Man schelte sie daher nicht, und mache ihnen keine Vorwürfe, wenn sie nicht aufmerksam genug sind oder nicht bald fassen, was man ihnen beibringen will. Man hüte sich, ihnen das Lernen überhaupt als etwas Mühsames und Beschwerliches vorzustellen, sondern vielmehr als etwas sehr Angenehmes und Nützliches. Manche Eltern oder Wärterinnen, welche die Kinder nicht zu behandeln wissen oder sie schon verzogen haben, haben die törichte Gewohnheit, ihnen mit dem Hofmeister, den sie ins Haus nehmen wollen, oder mit dem Schulbesuch zu drohen, ohne zu bedenken, daß Liebe und Vertrauen das erste ist, was der Erzieher und Lehrer von Seiten seines Zöglings bedarf, um etwas bei ihm auszurichten.

Auch unter uns hat man in neueren Zeiten über die beste Methode, den Kindern Buchstabenkenntnis und das Lesen beizubringen, viel gekünstelt. Meines Erachtens ist jede Methode gut, bei der sich der Lehrer den Fähigkeiten und dem

Charakter des Kindes gemäß benimmt, und die beste Lehrmethode verfehlt ihres Zwecks, wenn der Lehrer dieses nicht versteht.

Wer sich über das höchst wichtige Geschäft der Erziehung und zugleich auch über die verschiedenen Unterrichtsmethoden näher belehren will, dem kann man folgende Schrift empfehlen: *John Locke: Über die Erziehung der Jugend unter den höheren Volksklassen. Aus dem Englischen; mit Zusätzen und Anmerkungen von C.S Ouvrier. Leipzig, bei Erusius 1787.*

Weit entfernt von den umständlichen und künstlichen Methoden, Kindern Lesen und Schreiben zu lehren, habe ich (der Bearbeiter des Originals) mit einer ganz einfachen Weise bei meinen sieben Kindern diesen Zweck glücklich und unglaublich leicht erreicht. Ich ging von dem Grundsatze aus, daß ganz kleine und schwächliche Kinder der Anstrengung des Geistes nicht fähig sind. Waren sie auch gesund, so fing ich doch unter dem fünften oder sechsten Jahre nicht mit ihnen an, sie zum Lesen oder Schreiben anzuleiten. Dies war meine erste Hauptrücksicht. Die zweite Rücksicht war, wie bei Erlernung aller Wissenschaften nötig ist, ihnen Lust dazu beizubringen. Man ladet ein wohlerzognes, im Lesen schon geübtes Kind ein, man legt ein illuminiertes Bilderbuch mit unter gedruckter Erklärung den übrigen Kindern vor. Sie erraten Manches, und sehnen sich das Übrige zu wissen. Der kleine geschicktere Gast weiß es ihnen zu erklären, indem er die Deutung liest, und auf die Buchstaben dabei weist. Sie freuen sich, daß dieser es enträtseln kann, schämen sich, daß sie's selbst nicht können, und lassen dem Vater keine Ruhe, bis er ihnen zeigt, wie sie's anfangen sollen, die Deutung der übrigen Bilder verstehen zu lernen.

Der Vater säumt nicht, sie zu bedeuten, daß es bloß darauf ankomme, die einzelnen Zeichen kennen zu lernen, durch deren Verbindung die Sachen angedeutet werden. Er gibt ihnen die sehr groß gedruckten Buchstaben einzeln in die Hand, jeden auf ein besonderes Blatt gedruckt, aber nur einen oder zwei auf einmal, damit sich die sinnlichen Bilder davon nicht in ihrem noch zarten Gehirne vermischen. Bloß wenn sie diese paar genau kennen, gibt er ihnen andere, und nimmt indes die ersten zurück, und so fort. Wissen sie den folgenden Tag noch den Laut der Buchstaben des vorigen Tages, so erklärt ihnen der Vater etliche Bilder zur Belohnung, sagt ihnen aber dazu, daß er nicht wisse, was die Sachen da bedeuteten, wenn er's aus den Buchstaben da unten nicht sähe; er setze sie zusammen, und da käme dann das Wort heraus, was er gern lesen wolle. So wird ihre Begierde angefeuert, es selbst lesen zu lernen, die schönen Bilder selbst deuten zu können. Doch erleichterte ich meinen Kindern die Kenntnis der Buchstaben noch auf eine andere Art, indem ich ihnen zuerst die Selbstlaute beibrachte, dann die Zweitlaute, au, ei, ae u.s.w. Beide Buchstaben waren zusammengedruckt auf einem einzelnen Blatt.

Ich gab ihnen nur einen Zweilauter davon in die Hand; und nur wenn sie diesen konnten, gab ich ihnen einen zweiten, und nahm den ersten zurück, um ihre Begriffe nicht zu verwirren. So bald sie die Selbstlaute inne hatten, ging ich zu den Konsonanten über. Aber eben diese sogenannten stummen Buchstaben machen dem Lehrer, oder vielmehr dem Kinde die größte Schwierigkeit. Der Lehrer macht sich's wohl leicht, wenn er dem Kinde, die Buchstaben v, z, h zeigt und dazu sagt, sie heißen vau, zet, ha — aber wie soll sich's das Kind erklären, daß nun die Silbe vo nicht vauo, sondern vo ausgesprochen werden darf, daß die Silbe za nicht zeta, sondern za — die Silbe hu nicht hau, sondern hu zu lesen ist? — es kann mit einem Worte nicht begreifen, wie der Laut eines Buchstaben halb so, und dann wieder nicht so, sondern anders heißen soll. Das Kind stutzt, es muß beim Lesen den Laut verlernen, den es erst mit dem einzelnen Buchstaben verbinden mußte; es entsteht Verwirrung in seinem Kopfe, Mißtrauen, Abneigung gegen diese doppelzüngige Methode. Und in der Tat sind auch vau, zet, u.s.w. nichts als die Namen dieser Buchstaben, nicht aber die Töne derselben selbst. Dies zu vermeiden, schlug ich einen (wohl sonst schon betretenen) für die Kinder äußerst leichten, für den Lehrer aber schweren Weg ein. Ich gab ihnen z.B. die beiden Karten, die mit h bedruckte und die mit u, legte sie neben einander (h,u) und da sie u schon kannten, so sagte ich ihnen den Laut von beiden zusammen (hu): da sie nun merkten, daß beide einen andern Klang, als u allein, hätten, und daß dieser Nebenklang in dem neuen Zeichen h liege, so bemühte ich mich, ihnen den reinen Ton von h durch den Mund auszudrücken, ein Ton der, wie jeder weiß, nur ein hörbarer Hauch ist.

Dies ließ ich sie, so gut sie's vermochten, nachmachen, nicht mit dem fremden Laute a vermischt, sondern als bloßen Hauch, als reines h. So fuhr ich fort, ihnen den Laut von den übrigen Konsonanten teils in der Verbindung mit den Vokalen, teils allein und abgesondert anzudeuten, das r als eine Art von zischendem Schnarren, das s als ein bloßes Gelispele, das w als ein Wehen durch die ausgebreitet eröffneten Lippen, das sch (unabgesondert) als ein Gezisch, u.s.w. bemerklich zu machen, ohne Beimischung irgendeines Selbstlautes.

So schwer mir dies fiel, so wenig drang ich darauf, daß es vom Kinde genau nachgeahmt würde, weil hierzu eine erhebliche Anstrengung vollkommner Sprachorgane gehört, mir war's genug, wenn sie diesen halben Laut der Konsonanten ihrem Gedächtnis einprägten, und davon Gebrauch machten, sobald sie einen Konsonanten mit einem Selbstlaut in der Verbindung aussprechen sollten. Das ward ihnen dann äußerst leicht. Einen Hauch und ein i sprachen sie ohne Bedenken als hi aus, ein Brummen zwischen den kaum eröffneten Lippen (ein m) und a ward leicht als ma von ihnen ausgesprochen, der Laut durch die Nase bei verschlossenen Lippen (ein n) mit u leicht als ein nu. So schwer dies dem Lehrer ward, so unendlich leicht wards dem Kinde; auch darf ich nicht sagen, in wie kurzer Zeit sie lesen lernten, weil es unglaublich scheinen könnte. Ihren Eifer unterhielt der Lehrer, indem er mehrere zu gleicher Zeit lehrte, der Nacheiferung wegen, und kaum eine halbe Stunde auf einmal, auch indem er pünktlich alle Tage den Namen des Aufmerksamsten in ein goldnes (mit Goldpapier eingebundenes) Buch trug, während er den Unfleißigsten vor dem schwarzen Buche warnte, welches aber vorzuzeigen, geschweige anzuwenden, nie nötig war. Am wirksamsten zur Anspornung war ein erneuerter Besuch von dem kleinen Gespielen, welcher dann die Silben und Worte, die ihnen am wenigsten gelingen wollten, mit Fertigkeit und Leichtigkeit aussprach, nicht ohne merkliche Anspannung des Eifers meiner Kinder, und sichtlichen Vorsatz, es ihm wenigstens gleich zu tun. Dies war aber überhaupt kaum zwei- bis dreimal nötig.

Nicht nur die einzelnen Buchstaben und die einfachen Silben brachte ich ihnen durch Vorzeigung der einzelnen Buchstaben (jeden auf seiner eignen Karte) bei, sondern auch das Lesen der Wörter verstattete ich ihnen anfänglich nur so, daß ich die einzelnen Buchstabenblätter nebeneinander auf einen Tisch legte, und so das Wort bildete. Wollten sie den Namen des da abgebildeten Tieres wissen, so legte ich ihnen die einzelnen großen Buchstaben B,i,e,b,e,r dicht nebeneinander, als wenn sie zusammen gedruckt wären. Hatten sie dies Wort gelesen, so nahm ich meine Karten zusammen, und ließ sie gehen, oder setzte ihnen ein andres Wort zusammen. Nur wenn ich mit der Zusammensetzung fertig war, rief ich sie dazu. Erst da sie meine einzelnen Worte geübt lesen konnten, legte ich ihnen ein Buch zum Lesen vor, mit recht großen Lettern. Will man sie aber den ersten Anfang des Lesens gleich in einem vorzüglich klein gedruckten Buche machen lassen, so findet man, daß ihre Blicke auf dem ganzen Blatte umherschweifen; die große Menge der Wörter, und die noch größere Menge der Buchstaben, die sie da auf einmal erblicken, verwirrt ihre Begriffe, zerstreut ihre Aufmerksamkeit, und sie verwechseln in dieser Betäubung Buchstaben, und Silben, die sie nie verkannt haben würden, wenn man ihnen den einzelnen Buchstaben, die einzelnen Silben, das einzelne Wort auf einen leeren Tisch hingelegt, und jedes Ausgesprochne wieder weggenommen hätte, ehe ihnen etwas Neues hingelegt worden. Man muß die Verwirrung der Begriffe bei kleinen, ungeübten Kindern möglichst zu vermeiden suchen.

Das richtige akzentuierte Lesen setzt das Verstehen des Gelesenen voraus; ein Kind kann nur solche Schriften richtig und nachdrucksvoll lesen, die seiner Fassungskraft angemessen sind.

Vom Schreiben

Weit lieber lernen Kinder andere ihnen verständliche Sachen nachzeichnen, ein Tier, ein Hausgerät u.s.w. als Buchstaben. Man richte sich nach ihrer Denkart, man lasse sie, ehe man an das Schreiben geht, ihr Nachahmungsvermögen an anderen sinnlichen, ihrem Ideevorrate gemäßen Gestalten üben, ehe man sie die für sie reizlosen Buchstabenzüge nachzeichnen läßt. Noch ehe sie die Buchstaben lesen können, wird man sie geneigt finden, allerlei sinnliche Dinge, auch andre Gestalten, Vierecke, Dreiecke, Zirkel, nachzuzeichnen. Sobald sie einige Fertigkeit darin erlangt haben (eine Fertigkeit, die ihnen auch das Lesenlernen erleichtert, da sie ihr Augenmaß berichtigt, und schärft), dann, und nur dann erst ist es Zeit, sie die trocknen Buchstabencharaktere nachzeichnen, das ist, sie schreiben zu lassen. Aber ebenso wie ich beim Lesenlernen am dienlichsten gefunden, ist es auch sehr einleuchtend gut, ihnen zuerst recht große Buchstaben zum Nachahmen vorzuzeichnen. Die Umrisse der sichtbaren Dinge drücken sich dem weichen Gehirne der Kinder nicht so scharf und bestimmt ein, wie dem konsistenteren Gehirnmarke der Erwachsenen; die Umrisse sind schwach, schwankend, und gleichsam verwaschen. Daher wird's den Kindern so schwer, sich kleine Buchstaben richtig vorzustellen, und noch schwerer, sie nachzuzeichnen.

Allmählich läßt man sie, wenn sie große Buchstaben schreiben können, auch nun Kleinere schreiben, und macht es ihnen anziehend, da man es nützlich für sie macht. Man läßt sie Worte schreiben, Dinge, die sie gern haben möchten. Die Mutter gibt es ihnen, wenn sie es schriftlich verlangt haben, das ist, wenn sie das Wort der gewünschten Sache (etwa nach der Vorschrift des Vaters oder des Lehrers) nachgeschrieben haben.

Bedarf es eines Sporns, so macht der kleine geübtere Gast einen, wie es scheint, ungefähren Besuch, und reizt, durch die Proben seiner größern Geschicklichkeit, die Nacheiferung.

Sie orthographisch schreiben zu lehren dient es, wenn man sie nach einer richtigen Vorschrift etwas abschreiben läßt (am besten mehrere zusammen, einen und denselben Paragraph, oder ein Briefchen). Ist es richtig geschrieben, oder vom Lehrer unter ihren Augen verbessert, so läßt man jeden ein reines Blatt nehmen, nimmt ihr Geschriebenes und die Vorschrift weg, und diktiert ihnen denselben Paragraph, dasselbe Briefchen sogleich wieder in die Feder. Das noch warme Gedächtnis wird ihnen treu sein. Nun wird die Vorschrift hingelegt; jeder sieht seine eigenen Fehler ein, und bessert sie. Der die wenigsten Fehler gemacht hat, wird gelobt, beschenkt; der am fehlerhaftesten schrieb, wird wenigstens mit Stillschweigen übergangen.

Von der Erziehung der Töchter
Leibesbeschaffenheit des Frauenzimmers

Von der guten Konstitution der Mütter hängt die Konstitution der Kinder ab; von der Sorgfalt der Frauen hängt auch die erste Erziehung der Männer ab. Durch das Frauenzimmer werden unsre Sitten, Leidenschaften, Neigungen, Vergnügungen, ja selbst unsre Glückseligkeit bestimmt. Die ganze Erziehung des Frauenzimmers muß sich also zunächst auf die Männer beziehn, nächstdem auf die Pflichten der Mutter und der Hauswirtin. Den Männern zu gefallen, diesen nützlich zu sein, sich ihnen liebenswert zu machen, sie in der Kindheit zu erziehn, und wenn sie groß sind, zu pflegen, zu beraten, zu trösten, ihnen das Leben leicht und angenehm zu machen: das ist eine der ersten Pflichten des weiblichen Geschlechts zu allen Zeiten, zu welcher man es von Kindheit an erziehen muß. Mit der zu weit getriebenen Weichlichkeit der Weiber, hebt auch die Weichlichkeit der Männer an.

Alles, was ich bisher gesagt habe, findet seine Anwendung so gut in der Erziehung der Mädchen, wie in der Erziehung der Knaben, außer was die Leibesübungen betrifft, welche bei den Mädchen gemäßigter sein müssen. Die Weiber können nicht eben so robust sein wie die Männer; sie müssen es aber auch in gehörigem Maße sein, damit die von ihnen gebornen Männer robust werden, und damit die Kräfte haben, gesund zu bleiben und ihren Obliegenheiten vorzustehn.

Da der Mann und das Weib weder in Absicht der Gemütsart, noch der Leibesbeschaffenheit ganz gleich geformt sein können, auch nicht dürfen, so folgt daraus, daß sie auch nicht die nämliche Erziehung haben müssen. Indessen bedürfen die Mädchen sowohl als die Knaben, einfache Nahrungsmittel, viel Bewegung, Laufen und Spiele in freier Luft und in Gärten. Es taugt nicht, wenn ein Mädchen zu delikat genährt wird, stets geschmeichelt oder gescholten wird, immer unter den Augen der Mutter in dem wohl verschlossenen Zimmer sitzt, nicht aufstehen, nicht gehen, nicht sprechen, noch Atem holen darf, und keinen Augenblick frei hat, zum spielen, singen, laufen, schreien oder sich dem seinem Alter natürlichen Mutwillen zu überlassen. Allzu viel Nachsicht und übelangebrachte Strenge sind dem Geist und Körper der Jugend gleich nachteilig.

Ein Frauenzimmer wird ohne Unterlaß an ihr Geschlecht erinnert; um die Pflichten desselben gehörig zu erfüllen, muß es eine angemessene Konstitution besitzen. Während der Schwangerschaft muß es sich schonen; im Wochenbette muß es sich ruhig verhalten; um ihre Kinder zu stillen, muß die Frau eine mehr sitzende Lebensart führen; um sie aufzuziehn, hat sie Geduld und Sanftmut nötig, muß sie einen Eifer, eine Beharrlichkeit beweisen, die sich durch nichts niederschlagen läßt. Sie bildet das Band zwischen den Kindern und dem Vater; sie allein flößt ihm Liebe gegen sie ein, damit er für sie wie für die Seinigen sorge. Wieviel Zärtlichkeit und Sorgfalt hat sie nicht nötig, um Einigkeit in der ganzen Familie zu erhalten! Alles das muß eben nicht durch angestrengte Tugend, sondern durch natürliche Gefühle und Neigungen ausgerichtet werden; denn sonst würde es bald um das Menschengeschlecht schlecht stehen.

Trieb zu gefallen und zum Putz

Das Weib scheint ganz besonders dazu gemacht, dem Manne zu gefallen, und die kleinen Mädchen zeigen fast von der Geburt an eine Neigung, sich zu putzen. Sie begnügen sich nicht, hübsch zu sein, sondern wollen auch, daß man sie dafür halten solle. Man kann es den Kleinen an ihrem ganzen Benehmen ansehen, daß diese Sorge sie schon beschäftigt. Kaum sind sie imstande zu verstehn, was man zu ihnen spricht, so kann man sie schon dadurch regieren, daß man ihnen vorsagt, was andre von ihnen denken. Diese Triebfeder wirkt bei weitem nicht mit der Kraft auf Knaben; wenn diese sich nur unabhängig fühlen und Vergnügen genießen, so bekümmern sie sich wenig darum, was andre von ihnen denken. Nur mit Zeit und Mühe flößt man ihnen Empfindung dafür ein.

Dieser Trieb zu gefallen mag nun bei den Mädchen entstehn woher er will, so ist er doch, wenn er nicht zu weit geht oder eine fehlerhafte Richtung erhält, an sich gut. Die Bildung des Körpers ist nunmehr das erste. Es gilt dies von beiden Geschlechtern; doch ist der Zweck verschieden.

Bei den Knaben geht derselbe auf Entwicklung der Körperkräfte, bei den Mädchen aber auf Entwicklung der äußeren Annehmlichkeiten. Zwar gehören beiderlei Eigenschaften für das eine, wie für das andre Geschlecht: nur daß die Ordnung umgekehrt ist; das Frauenzimmer hat Kraft genug nötig, um alles, was es tut, mit Anstand zu verrichten. Ebenso hat der Mann viel Gewandheit nötig, um das, was er zu tun hat, mit Leichtigkeit zu verrichten.

Man kann durch Putz glänzen; aber nur die Person gefällt. Der Anzug ist nicht die Person selbst; öfters verunstaltet er dieselbe, je gesuchter er ist. Legt die üble Gewohnheit ab, eurer Tochter schöne Kleider oder Putz als Belohnung zu versprechen, und dann, wenn sie ihn angelegt hat, auszurufen: wie schön ist sie! Macht ihr vielmehr begreiflich, daß dergleichen Putz nur denen dient, die Fehler verbergen wollen, und daß die Schönheit keines Schmuckes bedarf. Die häßlichsten Frauenzimmer, schmücken sich oft am meisten. Eigentlich muß ein Mädchen bloß in der Einfachheit, Reinheit und Nettigkeit ihres Anzugs den Putz zu suchen, angeleitet werden, alles Prunken mit überflüssigen Zierraten deutet auf Koketterie, entfernt den aufs Wesentliche blickenden würdigen Mann, und zieht flatternde Stutzer herbei, die die wankende Tugend vollends zu Grabe bringen. Die Ehe ändert sie nicht, sie fährt fort, durchs Äußere Eroberungen zu machen, und sie ist weder Gattin noch Mutter. Ich weiß nicht, woher ich's habe, aber gewiß glaube ich's, daß alle versteckten und offenbaren Laster des weiblichen Geschlechts bloß von Eitelkeit und Müßiggang erzeugt werden. Modeputz, entnervende Weichlichkeit, tierische Wollust, niedrige List und Hartherzigkeit, sind Geschwister; schüchtern flieht vor ihnen die Scham, das Mitleiden, die eheliche und mütterliche Zärtlichkeit, so wie der Trieb, Gutes zu wirken. Wie kann ein Weib ein Engel sein, die ihre Zeit und ihre Fähigkeiten verwendete, durch ein nichtiges Äußeres ein Engel zu scheinen! Mütter! eure Töchter werden beobachtet; man schließt von ihnen auf euch. Sorgt für Bescheidenheit eurer Töchter im Innern und Äussern, wenn die Welt euch selbst ehren soll, wenn eure Blicke sich an ihrem Wohlergehn dereinst weiden wollen.

Schnürbrüste

Kleider, welche den Körper nicht einzwängen, tragen viel dazu bei, ihm bei beiden Geschlechtern die schönen natürlichen Verhältnisse zu erhalten. Man schaffe demnach die Gewohnheit ab, die Mädchen Schnürbrüste tragen zu lassen, denn dieser Mißbrauch ist in mehr als einer Rücksicht schädlich. Man sagt, der Wuchs werde dadurch auf eine angenehme Art bezeichnet. Aber diese Annehmlichkeit verrät einen schlechten Geschmack. Es ist gewiß nicht schön, wenn ein Frauenzimmer so aussieht, als ob sie gleich einer Wespe aus zwei Teilen zusammengesetzt wäre. Dies beleidigt das Gesicht und erregt bei dem Zuschauer eine schmerzhafte Empfindung. Die Feinheit des Wuchses ist, wie jede andre Schönheit, in gewisse Verhältnisse eingeschlossen, die nicht überschritten werden können, ohne ins Fehlerhafte zu verfallen. Alles Gezwungene und Unnatürliche verrät einen schlechten Geschmack. Leben, Gesundheit, Wohlsein und Vernunft gehen stets voran. Ohne Leichtigkeit und Ungezwungenheit gibt es keine Grazie. Zartheit besteht nicht in Kränklichkeit. Man darf nicht ungesund sein, um zu gefallen.

Man glaube auch ja nicht, daß eine quetschende Maschine, wie die Schnürbrust ist, von dem der Teile des Körpers, ihrer Lage und ihrer Verrichtung so unkundigen Handwerksmanne, als ein Schneider ist, so eingerichtet werden könnte, daß ein guter Wuchs nicht davon verdorben, oder daß eine anfangende Schiefheit dadurch verbessert werden könne. Das schiefe Rückgrat, die hohe Schulter, die hohe Hüfte sind sehr oft bloße Produkte einer Schnürbrust.

Spielwerk

Die Kinder beiderlei Geschlechts haben viel Vergnügungen, die ihnen gemeinschaftlich sind, aber nicht dieselben Neigungen. Knaben lieben Bewegung und Geräusch, Trommeln, Kräusel, kleine Wagen und Pferde. Mädchen hingegen lieben das, was in die Augen fällt, Spiegel, Flitterwerk, bunte Lappen und Puppen. Die Puppe ist das ihnen eigentümliche Spielzeug.

Das kleine Mädchen kann den ganzen Tag mit seiner Puppe hinbringen, ändert beständig an ihrem Anzuge, kleidet sie zehnmal an und aus und ist beständig auf eine neue Zusammensetzung des Anputzes bedacht, sie mag nun gut oder schlecht ausfallen. Es fehlt den Fingern noch an Geschick, der Geschmack ist noch nicht gebildet, gleichwohl aber die Neigung schon sichtbar. Bei dieser unaufhörlichen Beschäftigung verfließt ihm die Zeit ohne zu wissen wie; die Stunden gehen vorüber; es denkt nicht daran und vergißt sogar das Essen: es ist hungriger nach Putz als nach Speise.
Man kann sagen: sie putze nicht sich selbst, sondern bloß die Puppe. Freilich wohl, denn das Mädchen sieht sich nicht selbst, sondern die Puppe. Es kann nichts für sich selbst tun, weil es noch nicht gebildet ist. Es besitzt weder Geschicklichkeit noch Kraft, und ist noch nichts. Es lebt daher ganz in der Puppe und setzt seine ganze Koketterie in dieselbe. Es wird sie aber, es müßte denn vorsichtig geleitet werden, nicht immer darin lassen, sondern nur den Augenblick erwarten, wo es selbst die Puppe sein wird. Hier ist Vorsicht nötig, dem Mädchen eine heilsame Richtung zu geben.

Es ist gewiß, daß die Kleine gern wissen möchte, wie sie ihre Puppe recht putzen, ihre Schleifen binden, das Halstuch, den Besatz und die Spitzen gehörig in Ordnung bringen sollte. Hier muß man sie anweisen, wie sie den Putz ihrer Puppe von aller Koketterie, von allem unnötigen Flitterstaate reinige, ihr die überflüssigen, bloß prunkenden, modigen Zierraten ab-

93

nehme, und ihr statt dessen einen netten, reinlichen, durch Simplizität gefallenden Anzug gebe. Da das Mädchen immer etwas daran zu ändern wünschen wird (wie bekanntlich Kinder Veränderung lieben), so findet sich hier die beste Gelegenheit, ihr das Zuschneiden der Kleider, der Wäsche, so wie das Nähen auf eine Art beizubringen, die sie nicht für Arbeit, nicht für Tagewerk hält. Die feinern Arbeiten finden sich mit der Zeit selbst.

Aber nicht immer kann oder darf das Mädchen sich mit der Puppe beschäftigen. Dies heftet sie zu sehr ans Zimmer und hindert am Vergnügen an der freien Luft im Garten, im Freien, am Geschmacke für Körperanstrengung, und nützlicher Beschäftigung, und läßt sie immer in dem so sehr schädlichen Wahne, daß Sorge für den Anzug die einzige und höchste Pflicht des Frauenzimmers sei.

Auch die Puppe wird dem Kinde zum alltäglichen Einerlei. Sie wird herumgeworfen, beschmutzt, und der Zweck, sie nützlich damit zu beschäftigen, wird verfehlt. Eigentlich soll sie ihm bloß zur Belohnung, zur Erholung gegeben werden, wenn es von ernsthaftern Beschäftigungen ermüdet.

Folgsamkeit der Mädchen; ihre Fassungskraft; Zwang, in welchem sie gehalten werden müssen

Die Mädchen sind im ganzen folgsamer als die Knaben. Auch äußern sich ihre Verstandesfähigkeiten früher. Man verlange nichts von ihnen, wovon man ihnen den Nutzen nicht begreiflich macht. Man rechtfertige stets die Bemühungen, die man jungen Mädchen auflegt; aber man lege ihnen immer welche auf. Müßiggang und Mangel an Folgsamkeit sind die beiden gefährlichsten Fehler derselben. Die Mädchen müssen wachsam, aufmerksam und arbeitsam sein: aber das ist noch nicht genug, sie müssen auch frühzeitig Gebundenheit ertragen lernen. Wenn diese ein Unglück für sie ist, so ist dieselbe von ihrem Geschlecht unzertrennlich. Frauenzimmer können sich nie davon losmachen, ohne sich weit größeren Widerwärtigkeiten auszusetzen. Man muß sie frühzeitig in der Gebundenheit üben, damit sie ihnen nie beschwerlich falle, damit sie ihre Launen bezähmen lernen, um sie dem Willen andrer zu unterwerfen. Wollten sie ohne Unterlaß arbeiten, so müßte man sie zuweilen zwingen, nichts zu tun. Zerstreutheit, Flatterhaftigkeit, Unbeständigkeit sind Fehler, die leicht aus ihren ersten Neigungen entstehn. Um denselben vorzubeugen, lehre man sie vor allen Dingen, sich selbst zu überwinden. Das Leben eines rechtschaffenen Frauenzimmers ist ein beständiger Kampf mit sich selbst. Man verhindere, daß die Mädchen ihrer Beschäftigungen nicht überdrüssig werden, aber auch nicht mit Leidenschaft ihre Spiele betreiben. Ein kleines Mädchen, das ihre Mutter liebt, kann den ganzen Tag an ihrer Seite ohne Überdruß arbeiten. Das Plaudern allein entschädigt es gegen allen Zwang.

Aus eben dem Grunde, aus welchem man den Mädchen wenig Freiheit lassen darf, übertreiben sie auch diejenige, die man ihnen wirklich läßt. Da sie alles übertreiben, so überlassen sie sich auch ihren Spielen mit noch mehr Hitze als die Knaben. Diese Hitze muß gemäßigt werden, weil sie verschiedene ihrem Geschlecht eigentümliche Fehler nach sich zieht, vermöge deren die Weiber heute auf diesen, und morgen auf einen andern Gegenstand verfallen. Doch darf man ihnen um deswillen den Frohsinn, das Lachen, das Geräusch und tändelnde Spiele nicht verbieten, sondern nur verhindern, daß sie des einen überdrüssig werden, um einem andern nachzulaufen. Sie müssen keinen Augenblick ihres Lebens ganz ungezügelt sein, vielmehr gewöhnt werden, daß man sie mitten in ihren Spielen unterbricht, um sie mit etwas Nützlicherem zu beschäftigen, ohne darüber zu murren. Auch in diesem Stück ist bloße Gewöhnung hinreichend, weil sie nur der Natur zu Hilfe kommt. Aus diesem Zwange entsteht eine Folgsamkeit, die den Weibern ihr ganzes Leben hindurch zustatten kommt, weil sie nie aufhören einem Manne oder den Urteilen der Männer unterworfen zu sein, und es ihnen fast nie erlaubt ist, sich über diese Urteile hinwegzusetzen.

Die Töchter müssen also immer gehorsam, die Mutter aber nicht immer unerbittlich sein. Um eine junge Person folgsam zu machen, darf man sie nicht unglücklich machen; um ihr Sittsamkeit einzuflößen, darf man sie nicht menschenscheu machen. Ihre Abhängigkeit darf ihr nicht lästig und beschwerlich fallen, sie muß sie aber empfinden.

Sanftmut

Die erste und wichtigste Eigenschaft eines Frauenzimmers ist Sanftmut. Da sie mit einem so unvollkommen, oft so fehlerhaften und immer wenigstens mangelhaften Wesen, wie der Mann ist, leben muß, so sollte sie frühzeitig lernen, selbst Ungerechtigkeit zu ertragen und alle Gebrechen eines Ehemannes zu dulden. Nicht um seinetwegen, sondern um ihrer selbst willen muß sie sanftmütig sein. Durch Widerspenstigkeit und Hartsinn wird eine Frau ihre Leiden und die üble Begegnung des Mannes verschlimmern. Die Männer wissen wohl, daß man sie nicht mit diesen Waffen besiegen kann.

Der Himmel machte die Weiber nicht darum so einnehmend und einschmeichelnd, daß sie störrig sein sollten; er bildete sie nicht so schwach, um gebieterisch zu sein; er gab ihnen nicht eine so sanfte Stimme, damit sie schmähen und schelten sollten; er gab ihnen nicht darum diese zarten Gesichtszüge, um dieselben durch Zorn zu entstellen. Wenn sie verdrießlich werden, so vergessen sie sich. Sie haben oft Ursache, sich zu beklagen tun aber stets unrecht, wenn sie schelten. Ein zu guter Gatte kann die Frau ungestüm machen; wenn aber der Mann nur kein Ungeheuer ist, so wird er früh oder spät durch die Sanftmut der Frau zur Vernunft gebracht.

Verstellung

Um die wahren Gesinnungen der Mädchen kennenzulernen, muß man sie studieren, und sich nicht auf das verlassen, was sie sagen; denn sie sind heuchlerisch, schmeichelnd und wissen sich sehr frühzeitig zu verstellen.

List und Schönheit

List ist ein dem anderen Geschlecht natürliches Talent; und da ich glaube, daß alle natürliche Neigungen an sich gut und recht sind, so bin ich der Meinung, daß man dieses Talent gleich den übrigen gehörig kultivieren müsse. Man hat bloß den Mißbrauch vorzubeugen. Man prüfe nur die kleinen Mädchen, wenn sie kaum das Tageslicht erblickt haben; man vergleiche sie mit kleinen Knaben von dem nämlichen Alter, und wenn diese nicht gegen jene ungeschickt, unbeholfen und einfältig erscheinen; so will ich durchaus unrecht haben.*

---

*Man erlaube mir hiebei ein Beispiel anzuführen, welche ganz das Gepräge kindlicher Unbefangenheit hat. „Es ist sehr gewöhnlich", sagt Rousseau: »Kindern zu verbieten, daß sie bei Tische etwas verlangen. Denn man glaubt sie nicht besser erziehen zu können, als wenn man sie mit unnützen Vorschriften überhäuft, als ob ein Stückchen von dieser oder jener Speise nicht bald bewilligt oder abgeschlagen werden könnte, ohne das arme Kind ohne Unterlaß mit einem durch Hoffnung genährten Appetit zu quälen.

Die List eines kleinen Knaben, den man diesem Gesetz unterworfen hatte, ist bekannt genug; als man ihn bei Tische vergessen hatte, kam er auf den Einfall, um Salz zu bitten. Ich will nicht sagen, daß man ihn hätte darüber schikanieren können, weil er geradezu und versteckter Weise Fleisch begehrt hatte. Die Vergessenheit war so hart, daß ich nicht glaube, man würde ihn bestraft haben, wenn er das Gesetz offenbar übertreten und ohne Umschweif gesagt hätte, daß ihn hungere. Inzwischen war ich selbst Zeuge, wie ein sechsjähriges Mädchen sich in einem weit schwierigeren Falle benahm. Denn außerdem, daß man ihm strenge verboten hatte, irgendetwas mittelbar oder unmittelbar zu verlangen, so würde der Ungehorsam um so weniger verzeihlich gewesen sein, da sie wirklich von allen Schüsseln gegessen hatte, ausser von einer einzigen, von welcher man ihr vorzulegen vergessen hatte, und nach welcher sie sehr lüstern war. Um es nun dahin zu bringen, daß man diese Vergessenheit wieder gut machte, ohne sie jedoch des Ungehorsams beschuldigen zu können, ging sie mit vorgestrecktem Finger alle Schüsseln durch, und sagte ganz laut, so wie sie auf jede derselben zeigte: von dem habe ich gegessen; von dem habe ich auch gegessen. Als sie aber an die Schüssel kam, von der sie nichts bekommen hatte, macht die es so merklich, daß sie, ohne etwas zu sagen, dieselbe übergehen wolle, daß jemand, der es gewahr ward, sie fragte: hast du denn auch von dieser gegessen? — Ach nein! antwortete die kleine Näscherin ganz leise, indem sie die Augen niederschlug.

Ich habe nichts hinzuzufügen: aber man vergleiche diesen Zug von der List eines Mädchens mit dem obigen von der List eines Knaben.«

Diese dem andern Geschlecht eigentümliche Anstelligkeit ist eine sehr billige Entschädigung für die ihm abgehende Kraft. Sonst würde die Frau nicht die Gesellschafterin des Mannes, sondern seine Sklavin sein. Mittels dieser überlegenen Klugheit behauptet sie sich als seinesgleichen und regieret ihn, indem sie ihm gehorcht. Die Frau hat alles gegen sich, unsre Fehler, ihre eigne Furchtsamkeit und Schwäche; nur Klugheit und Schönheit sind auf ihrer Seite.

Ist es nicht billig, daß eine sowohl als die andre gebildet werde? Aber Schönheit ist nicht allgemein; sie verschwindet durch mancherlei Zufälle, sie vergeht mit den Jahren und die Gewohnheit zerstört ihre Wirkung. Der Geist allein ist das wahre Hilfsmittel des weiblichen Geschlechts, aber nicht etwa der sogenannte Witz, von dem man insgemein so viel Aufhebens macht, und der nichts hilft, um das Leben glücklich zu machen, sondern das, was man mit einem etwas niedrigen Ausdruck Hausverstand nennt, das heißt, die Kunst sich in die Umstände zu fügen, die Vorteile unserer Lage und Verfassung gehörig zu benutzen.

Man kann sich nicht vorstellen, wie sehr dieses Geschick der Weiber uns selbst zustatten kommt, wie sehr es die Reize des Umgangs zwischen beiden Geschlechtern erhöht, wie nützlich es ist, den Mutwillen der Kinder zu bändigen, wie sehr es das rauhe Betragen der Ehemänner mildert, Gefahren ausspürt, und ihnen vorbeugt, und die Einigkeit im Hauswesen erhält, welches ohne dasselbe durch Zwietracht leicht gestört werden würde! Freilich machen listige und boshafte Weiber einen Mißbrauch davon: aber was wird durch das Laster nicht gemißbraucht?

Naschhaftigkeit

Es verhält sich mit den Mädchen nicht so wie mit den Knaben, die man in gewissem Maße durch ihre Naschhaftigkeit lenken kann. Diese Neigung ist in Absicht des weiblichen Geschlechts nicht gleichgültig; sie ist zu gefährlich, um sie ihm zu lassen. Ich kenne eine Mutter, die ihre von Natur naschhafte Tochter dadurch besserte, daß sie sie beredete, die Süßigkeiten verderben die Zähne und durch zu viel Essen bekäme man eine ungeschickte Taille. Als sie groß ward, verfiel sie auf andre Gegenstände, wodurch sie von dieser niedrigen Sinnlichkeit abgebracht ward.

Neugier

Wenn man kleinen Knaben keine unbescheidene Fragen erlauben darf, so darf man sie um so weniger kleinen Mädchen gestatten. Befriedigt man ihre Neugier, oder weicht derselben ungeschickt aus, so hat dies wegen ihrer Feinheit und ihrer Klugheit weit wichtigere Folgen. Anstatt ihre Fragen zu dulden, frage man sie selbst sehr viel und ermüde sie durch Fragen, um ihnen das Unanständige und Lästige des vielen Fragens begreiflich zu machen. Knaben muß man (was bei Mädchen nie nötig ist) zuweilen zum Plaudern bringen und sie aufmuntern, mit Leichtigkeit zu sprechen und lebhaft zu antworten, um ihnen Verstand und Zunge zu lösen, so lange es noch ohne Gefahr geschehen kann.

Ist die Neugierde, vorzüglich der Mädchen, schon zur Leidenschaft geworden (welches jedoch nur im öftern Umgange mit niedrigen Leuten und Dienstboten, nicht aber in guter Gesellschaft und unter den Augen einer sorgsamen, sich selbst beherrschenden Mutter möglich ist), dann muß man zu andern Künsten seine Zuflucht nehmen. Man stelle sich an, als ob man der Tochter etwas Wichtiges verheimlichen wolle, man weiche ihren Fragen auf vielerlei Art aus, man treibe, durch öfteres Flüstern u.s.w. ihre Neugier aufs Höchste, und wenn sie nicht mehr zurückzuhalten ist, so entdecke man ihr, was man die Miene annimmt ihr nicht gerne ins Gesicht zu sagen; daß das Publikum den oder jenen (wichtigen) Fehler an ihr entdeckt habe, daß man sich in Männergesellschaft damit herumtrage — und so fahre man fort, ihr die Neugier auf eine oder die andere Art zu verleiden, die gegen ihr eignes Interesse ist.

Geschwätz der kleinen Mädchen und Höflichkeit
des Frauenzimmers

Die kleinen Mädchen lernen bald angenehm schwatzen. Sie haben eine biegsame Zunge, sprechen früher, leichter und angenehmer als die Knaben. Man beschuldigt das weibliche Geschlecht auch, daß es mehr spricht; das muß sein, und ich möchte diesen Vorwurf gern in einen Lobspruch verwandeln. Der Mund und die Augen haben bei ihnen die nämliche Tätigkeit, und zwar aus gleichem Grunde. Der Mann sagt was er weiß, das Weib das was gefällt; jener hat zum Sprechen Kenntnis nötig, und dieses Geschmack. Der Mann soll zu seinem Hauptzweck nützliche Gegenstände machen, die Frau angenehme. Ihre Reden dürfen nichts miteinander gemein haben, außer die Wahrheit.

Man darf also das Geschwätz der Mädchen nicht wie das Geschwätz der Knaben durch die rauhe Frage: wozu ist das gut? unterbrechen, sondern vielmehr durch diese: wie wird das lassen? worauf es eben nicht leichter ist zu antworten. Sie müssen es sich zum Gesetz machen, denen, mit welchen sie sprechen, nie etwas anders als angenehmes zu sagen; doch ist auch dieses Gesetz dem andern: nie zu lügen, untergeordnet. Sie müssen wahrliebend sein ohne Grobheit. Die Höflichkeit der Männer ist dienstfertiger, und die der Weiber schmeichelnder. Dieser Unterschied liegt in der Natur. Die Höflichkeit des Frauenzimmers ist minder falsch als die unsrige. Es kommt dem Mädchen gar nicht schwer an, höflich zu werden.

Gesang, Tanz und angenehme Geschicklichkeiten

Die Mädchen sollten sich weit mehr als die Knaben auf Singen, Tanzen und angenehme Künste befleißigen. Diese Geschicklichkeiten gehören ihnen vorzüglich zu. Man muß Acht haben, was ihrem Alter sowohl als ihrem Geschlecht angemessen ist. Ein junges Mädchen kann sich nicht so betragen wie ihre Großmutter. Sie muß lebhaft, munter, froh und scherzhaft sein, singen, tanzen, wie es ihr gefällt und alle unschuldige Vergnügungen ihres Alters genießen.

Die Zeit wird nur zu bald herannahen, wo sie ein gesetzteres und ernsthafteres Wesen wird annehmen müssen. Laßt uns die Weiber nicht bloß an unangenehme Pflichten binden, sonst möchten wir aus der Ehe alles verbannen, was sie den Männern angenehm machen kann. Eine liebenswürdige und tugendhafte Gattin, welche angenehme Geschicklichkeiten besitzt und selbige zur Aufheiterung ihres Mannes anwendet, vermehrt das Glück seines Lebens und hält ihn ab, Erholungen außer dem Hause zu suchen.

Vom Unterricht überhaupt

Das Mädchen muß zwar, teils um ihren Körper zu stärken, teils sich zu den Geschäften der Wirtlichkeit tüchtig zu machen, zum Hauswesen nicht obenhin, sondern sorgfältig angehalten werden, dabei aber nicht in einer gänzlichen Unwissenheit von allen übrigen, teils nützlichen,teils angenehmen Dingen aufwachsen. Denn der Mann darf seine Gattin nicht zu seiner Magd machen. Er würde sich sonst in Absicht ihrer des größten Reizes der Geselligkeit berauben. Die Weiber haben einen so liebenswürdigen und biegsamen Geist! —

Die Natur will, daß sie denken, urteilen, lieben, Kenntnisse sammeln und ihren Geist nicht minder wie ihr Äußeres ausbilden. Sie müssen vieles lernen, aber nur das, was ihnen zu wissen anständig ist. Wollte man in dem Weibe die Eigenschaften des Mannes entwickeln und darüber die ihm eigentümlichen verabsäumen, so würde man offenbar zu ihrem Nachteil arbeiten. Man gebe den Weibern eine weibliche Erziehung; sie müssen die ihrem Geschlecht zukommenden Geschäfte lieben, Sittsamkeit besitzen, dem Hauswesen vorzustehen wissen und sich auf häusliche Verrichtungen und Arbeiten genau und praktisch verstehen. Vernünftige Mütter, sucht eure Töchter nicht der Natur entgegen zu Männern zu erziehen; macht aus ihnen brave Weiber, und sie sowohl als ihr selbst werdet dabei gewinnen.

Inhalt

Samuel Hahnemann
Chronische Krankheiten, Theoretischer Teil

In diesem grundlegenden Werk legt Hahnemann seine theoretischen Vorstellungen und insbesondere die Miasmenlehre dar.
Erstmalig als gesonderter Einzelband erhältlich. Hier hat Hahnemann näher ausgeführt, was er im einzelnen unter den Miasmen verstand. Dieses Buch stellt zusammen mit dem Organon die Grundlage der Homöopathie dar und ist unabdingbare Lektüre eines jeden Homöopathen.

Lieferbar   Nur 32,50 DM

Chronische Krankheiten, Materia Medica Teil

Diese 4 Bände enthalten die Prüfungssymptome der wichtigsten Antipsorica, Antisykotica und Antisyphilitica.
Üblicherweise kennt man von z.B. Agar. nur die Indikation bei Frostbeulen. Oder mancher weiß noch, daß es gut bei Epileptikern ist. Auch in den gebräuchlichen Arzneimitteldarstellungen kann man maximal 1-3 Seiten über dieses Mittel lesen. Wußten Sie, daß Hahnemann auf *30 Seiten* die Symptome von Agar. beschreibt? Warum sollte man sich in seinen Wahlmöglichkeiten beschränken?

Lieferbar   Nur 158, – DM
Bei Abnahme aller 5 Bände   nur 170,50 DM

Reine Arzneimittellehre

Dieses sechsbändige Werk enthält die Prüfungssymptome der sogenannten akuten Mittel. Damit legte Hahnemann den praktischen Grundstein der Homöopathie. Unter anderem finden Sie hier auch die Frage der Wechselwirkungen (z.B. bei Pulsatillaf) erklärt. Wenn Sie nur nach Keynotes lernen, entgeht Ihnen vieles, während das Lernen nach dieser Materia Medica den Facettenreichtum eines Medikamtens erkennen läßt.

Lieferbar März 1985   Nur 212,—DM

Deutsches Journal für Homöopathie

Eine Zeitschrift mit Format.

Sie ist mehr als eine solche, denn durch diese quasi Monographien erhalten Sie

Anregungen für Ihre Praxis, direkt aus der Kasuistik

Materia-Medica-Kenntnisse aus verschiedensten Quellen (auch seltenere Arzneimittelbilder-Darstellungen, die nicht jeder zu Hause hat)

einen Blick für Zusammenhänge durch die theoretische Schulung, bei der im Laufe der Zeit möglichst alle wichtigen Probleme in Beiträgen angesprochen und u. U. auch diskutiert werden.

Mit einem Wort: Lebendige Homöopathie

Bezugspreis: Jahresabonnement (gegen Rechnung) 84,—DM incl. Porto (Österreich 620,—öS incl. Porto; Schweiz 80,—SF incl. Porto; sonstiges 92,—DM incl. Porto) — **Ringordner** für 3 Jahrgänge 17,—DM (zuzüglich Versandkosten); Einzelheft 26,—DM (im Ausland 30,—DM). Vorzugspreis für **Medizinstudenten** (gegen Vorlage einer Immatrikulationsbescheinigung 40,-DM (40,-SF; 300,-öS).

Erscheinungsweise: Vierteljährlich

Direkt zu beziehen beim O.-Verlag, Schatzlgasse 31, 8137 Berg 1.
08151/51085.

J. A. Lathoud
Materia Medica
übersetzt von Max Tiedemann

Diese ausgezeichnete, ausführliche Materia Medica war bis jetzt wegen der sprachlichen Barriere viel zu wenig bekannt. Dieses Werk kann nun seinen Weg auf die Schreibtische und in die Bücherschränke der deutschen Homöopathen antreten.
Lieferbar.   58, – DM

Horst Barthel

Charakteristika
homöopathischer Arzneimittel

Die 120 in der täglichen Praxis meist gebrauchten Medikamente in einer ganz neuartigen Materia Medica.

- Aufgebaut nach dem Hierarchisationsschema
- Sammlung der auffallenden und sonderlichen Symptome
- Zugleich ein einmaliges Repetitorium für die dauernde Wiederholung

Lieferbar   160, – DM

Repertorium der Charakteristika

Zu den »Charakteristika homöopathischer Arzneimittel« gehört das »Repertorium der Charakteristika«. Es ist bekannt, daß jede gute Materia Medica erst durch ihr Repertorium brauchbar in der Praxis wird. Dieses Repertorium eignet sich durch seine handliche Größe besonders für den Hausbesuch und ist auch in der Praxis eine große Hilfe für rasche Entscheidungen — ein »Blitzrepertorium«.

Lieferbar Februar 1985

160,—DM (zusammen mit den „Charakteristika": 140, – DM)

Organon original

Taschenbuchausgabe

Das Grundwerk der Homöopathie.

Nun können sich's auch Studenten leisten, jetzt ist der Preis keine Ausrede mehr!

Nur 20,- DM

Direkt zu beziehen beim O.-Verlag, Schatzlgasse 31, 8137 Berg 1. Tel.: 08151/51085.

Samuel-Hahnemann-Stiftung
zur Förderung der klassischen Homöopathie

Aus der Satzung der Stiftung:

§ 2 – Zweck der Stiftung

Im Andenken an Samuel Hahnemann fördert die Stiftung nach Maßgabe der jeweils verfügbaren Stiftungsmittel Forschung, Lehre und Verbreitung der Homöopathie. Sie verfolgt damit ausschließlich und unmittelbar gemeinnützige Zwecke.

Hierzu gehören Aufgaben wie

1. die Veranstaltung von Seminaren für Ärzte und Medizinstudenten,

2. die Förderung von Forschungsvorhaben im Bereich der homöopathischen Medizin,

3. die Förderung der Wissenschaft durch die Vergabe von Preisen für hervorragende wissenschaftliche Ergebnisse und besondere Leistungen auf dem Gebiet der Homöopathie,

4. die Einrichtung einer allgemein zugänglichen homöopathischen Bibliothek,

5. die Verbreitung des homöopathischen Gedankengutes und der homöopathischen Lehre unter Laien und Fachleuten,

6. die Unterstützung der homöopathischen Behandlung bedürftiger Patienten in einer homöopathischen Ambulanz, Poliklinik oder einem Krankenhaus sowie die Trägerschaft einer Ambulanz, einer Poliklinik oder eines Krankenhauses,

7. Die Knüpfung internationaler Kontakte zum wissenschaftlichen Austausch bzw. zur Kooperation in Forschung und Lehre und jegliche Unterstützung von anderen gemeinnützigen Institutionen, die sich mit Forschung, Lehre und Verbreitung der Homöopathie beschäftigen.

Die Stifung ist selbstlos tätig.

Nähere Information auf Anforderung.

Wenn Sie an der Verbreitung der Homöopathie interessiert sind, und Sie diese oben genannten Ziele unterstützen wollen, so helfen Sie mit als förderndes Mitglied!

Ihre Spende ist steuerlich abzugsfähig [Hypo-Bank Starnberg, Konto-Nr. 6320 252 006, BLZ 700 200 01, Samuel-Hahnemann-Stiftung]. Bei einer Spende über 100 DM erhalten Sie ein „Organon original" zum Verschenken und tragen damit zur Verbreitung der Homöopathie bei.

Bei einer Spende über 50,-DM erhalten Sie eine Spendenquittung; ansonsten gilt der Einzahlungsbeleg als abzugfähiger Steuerbeleg.